HISTOIRE
PHYSIQUE, NATURELLE ET POLITIQUE
DE

MADAGASCAR

PUBLIÉE

PAR ALFRED ET GUILLAUME GRANDIDIER

VOLUME XVII

HISTOIRE NATURELLE DES REPTILES

PREMIÈRE PARTIE : CROCODILES ET TORTUES

PAR

LÉON VAILLANT

ET

GUILLAUME GRANDIDIER

58ᵉ fascicule

PARIS

IMPRIMÉ PAR AUTORISATION DE M. LE GARDE DES SCEAUX

À L'IMPRIMERIE NATIONALE

MDCCCCX

HISTOIRE

PHYSIQUE, NATURELLE ET POLITIQUE

DE

MADAGASCAR

PARIS

LIBRAIRIE HACHETTE ET Cie

BOULEVARD SAINT-GERMAIN, 79

HISTOIRE
PHYSIQUE, NATURELLE ET POLITIQUE

DE

MADAGASCAR

PUBLIÉE

PAR ALFRED ET GUILLAUME GRANDIDIER

VOLUME XVII

HISTOIRE NATURELLE DES REPTILES

PREMIÈRE PARTIE : CROCODILES ET TORTUES

PAR

LÉON VAILLANT

ET

GUILLAUME GRANDIDIER

PARIS

IMPRIMÉ PAR AUTORISATION DE M. LE GARDE DES SCEAUX

À L'IMPRIMERIE NATIONALE

MDCCCCX

HISTOIRE NATURELLE

DES

REPTILES DE MADAGASCAR.

ORDRE DES EMYDOSAURIENS

(CROCODILES).

Les Emydosauriens, qu'on peut tout aussi bien désigner sous le nom de Crocodiliens, forment un groupe zoologique des plus naturels, absolument homogène, qui se distingue facilement de tous les autres Reptiles. et l'on peut dire que, depuis l'époque où l'on a pris pour bases de la classification des animaux les études anatomiques et physiologiques qui l'ont élevée à son niveau actuel de perfection, les naturalistes n'ont jamais eu aucune hésitation lorsqu'ils ont eu à déterminer un Crocodilien. ce qui n'est point étonnant puisque les crocodiles sont, géologiquement parlant. des animaux très anciens, ayant acquis dès le début de l'époque tertiaire les caractères primordiaux qui les distinguent encore aujourd'hui de tous les autres êtres vivants. Comme. d'autre part. le nombre des espèces actuellement représentées à la surface du globe ne dépasse pas vingt à trente environ, que depuis longtemps on n'en a pas décrit de nouvelles et que. suivant la remarque du savant herpétologiste M. Boulenger. la tendance est plutôt d'en restreindre le nombre, il est certain qu'il est difficile de trouver un groupe plus facile à étudier et se prêtant mieux

IMPRIMERIE NATIONALE.

aux recherches théoriques sur les règles qui président à l'arrangement systématique des espèces dans la nomenclature zoologique.

Malheureusement, chez ces animaux comme chez tant d'autres, l'unité sur laquelle doit reposer la classification, l'espèce, est des plus difficiles à caractériser, tant le groupe est homogène, et, malgré les travaux remarquables des naturalistes les plus compétents, de Cuvier, de Geoffroy-Saint-Hilaire, de Gray et de Boulenger, pour ne citer que les principaux, il règne encore à ce sujet une réelle confusion.

Considérant le groupe des Crocodiliens dans son ensemble, on est même en droit de se demander quelle valeur il y a lieu d'attribuer aux coupes génériques en lesquelles on le partage pour grouper les espèces. Dans ses premiers travaux taxinomiques, G. Cuvier, qui a, le premier, étudié ces animaux scientifiquement, admet trois divisions : Gavialis, Crocodilus, Alligator, qu'il regarde comme simplement subgénériques du genre unique Crocodilus. Cette classification est conservée dans ses *Recherches sur les ossements fossiles*, ainsi que dans les deux éditions de son *Règne animal*; mais la plupart des zoologistes n'ont pas imité cette réserve et ont regardé comme genres légitimes les trois sous-genres cuviériens : on ne pourrait guère citer à notre époque, comme ayant maintenu l'idée primitive, que les auteurs de l'*Erpétologie générale*, Duméril et Bibron. Gray a même élevé ces trois groupes d'Emydosauriens au rang de familles comprenant 12 genres et 23 espèces. Dans son récent Catalogue des Crocodiles du Musée Britannique, M. Boulenger, dont les travaux font, on peut dire, autorité, est heureusement revenu à une conception plus simple, plus rationnelle; il n'admet qu'une famille unique qu'il partage en six genres comprenant vingt-deux ou vingt-trois espèces; un genre et une espèce très douteux sont ajoutés, on pourrait dire, pour mémoire.

Le tableau synoptique suivant, qui, tout en ayant une disposition typographique différente de celle adoptée par M. Boulenger[1], en est inspiré, donnera une idée de cette classification.

[1] Boulenger. *Catalogue of the Chelonians, Rhyncocephalians and Crocodiles in the British Museum*, 1889, p. 274.

FAMILLE DES CROCODILIDÆ.

<table>
<tr><td rowspan="7">Dents</td><td rowspan="5">hétéro-
morphes.
Quatrième
dent
mandibulaire
reçue
à la mâchoire
supérieure :</td><td rowspan="2">dans
une fossette.
Écailles
centrales :</td><td>régulièrement ossifiées, arti-
culées et entuilées . . . . . .</td><td>1. Jacaretinga Spix.</td></tr>
<tr><td>peu et irrégulièrement ossi-
fiées . . . .</td><td>2. Alligator Cuvier.</td></tr>
<tr><td rowspan="3">dans
une gouttière
latérale.
Os nasaux
divisant
l'orifice olfactif:</td><td>complètement . . . .</td><td>3. Osteolæmus Cope.</td></tr>
<tr><td>très incomplètement. . . . . . .</td><td>4. Crocodilus Laurenti.</td></tr>
<tr><td></td><td></td></tr>
<tr><td colspan="3">homœomorphes ou très peu dissemblables . . . .</td><td>5. Gavialis Cuvier.</td></tr>
</table>

GENRES.

La disposition dichotomique que nous lui avons donnée a pour but de bien mettre en évidence un certain nombre des caractères les plus saillants. Une autre différence entre les deux tableaux résulte de la suppression du genre Tonistoma S. Müller, qui est confondu avec les Gavials, et de la substitution de la dénomination générique Jacaretinga à celle de Jacare Gray. En ce qui concerne les genres Tonistoma et Gavialis, on voit, en comparant les diagnoses données par M. Boulenger, que les différences entre les deux genres portent surtout sur la formule dentaire qui est $\frac{27-29}{25-26}$ chez le Gavialis et $\frac{20-21}{18-19}$ chez le Tonistoma, sur la disposition des dents mandibulaires qui toutes passent en dehors des maxillaires chez les premiers, tandis que, chez les seconds, les postérieures sont situées en dessous du maxillaire et sont reçues dans des fossettes interdentaires de la mâchoire supérieure, et sur la dimension relative apparente de l'os nasal qui, largement distant de l'orifice olfactif squelettique chez les premiers, atteint au moins le prémaxillaire chez les seconds; mais il faut remarquer que ce n'est qu'une apparence superficielle due à la réunion sur la ligne médiane supérieure des maxillaires au-dessous desquels les nasaux se prolongent, disposition qui n'est certes pas sans importance. ce serait cependant, croyons-nous, une exagération que d'y voir un caractère suffisant pour établir une coupe générique; quant au nombre et à la disposition des dents, il n'est pas douteux que ce sont de simples caractères spécifiques.

CROCODILUS MADAGASCARIENSIS Grandidier.
(Pl. 1-2, fig. 1; 3, fig. 1; 4, fig. 1; 5, fig. 1.)

CROCODILUS VULGARIS Cuvier, *Recherches sur les Ossements fossiles*, 8ᵉ partie, 1834, p. 88 (recueilli en 1820 par Havet).

CROCODILUS MADAGASCARIENSIS Grandidier, *Ann. Sc. Nat., Zoologie*, 1872, p. 20.

CROCODILUS MADAGASCARIENSIS Gray, *Proc. Zool. Soc.*, 1874, p. 145-146 et pl. XXIII (tête).

CROCODILUS VULGARIS VAR. et CR. MADAGASCARIENSIS Boettger, Die Reptilien von Madagascar. *Abhandl. Senckenb. Ges.*, t. XI, 1877, p. 27-30, pl. I, fig. 6 (jeune), et t. XII, 1881, p. 486.

CROCODILUS MADAGASCARIENSIS Peters, *Monatsb. Preuss. Akad. Wissensch. zu Berlin*, 1880, p. 509.

CROCODILUS NILOTICUS Boulenger, *Catalogue of the Chelonians, Rhyncocephalians and Crocodiles in the British Museum*, 1889, p. 283.

CROCODILUS MADAGASCARIENSIS Voeltzkow, *Abhandl. Senckenberg. Naturf. Ges.*, t. XXVI, 1899, p. 1-150 et pl. I-XVII, et 1901, p. 315-336 et pl. XXX-XXXI et p. 339-418 et pl. XXXII-XXXVIII, et t. XXVII, 1903, p. 165-175 et pl. XXVI-XXVII.

CROCODILUS ROBUSTUS Grandidier et Vaillant.
(Pl. 1-2, fig. 2; 3, fig. 2; 4, fig. 2; 5, fig. 2.)

CROCODILUS ROBUSTUS Grandidier et Vaillant, *Comptes Rendus de l'Académie des Sciences*, 12 juillet 1872, p. 150-151.

CROCODILUS ROBUSTUS Vaillant, *Cⁱˢ Rend. Ac. Sc.*, 12 nov. 1883, p. 1081, et *Bull. Mus.*, 1895, p. 92.

CROCODILUS ROBUSTUS Boulenger, *Catalogue of the Chelonians, Rhyncocephalians and Crocodiles in the British Museum*, 1889, p. 286.

À cause de la difficulté qu'il y a à caractériser les espèces du genre CROCODILUS, il vaut mieux étudier simultanément ces deux types de crocodiles, dont l'étude comparative fera mieux ressortir les caractères différentiels.

Les collections du Muséum renfermant un assez grand nombre d'Emydosauriens de Madagascar pour qu'on puisse s'en faire une idée complète, nous les prendrons comme sujets d'étude, ces exemplaires étant à la disposition des naturalistes qui peuvent toujours venir les consulter. Nous en donnons la liste dans le tableau suivant, où, dans les deux premières colonnes, sont inscrits les numéros du catalogue du laboratoire d'herpétologie, dans la troisième, le nom spécifique, dans la quatrième, le nom du collecteur, dans la cinquième, le mode de conservation, dans la sixième, la localité et, dans la septième, la taille de l'individu.

EMYDOSAURIENS MALGACHES DU MUSÉUM DE PARIS

(Collection et laboratoire d'herpétologie).

	I.	II.	III.	IV.	V.	VI.	VII.
							centim.
1	999[b]	5599	Crocodilus madagasc. Grand	A. Lantz.	alcool.	Côte Est	30
2	981[a]	1687	Crocodilus vulgaris Cuv.	Grandidier.	alcool.	Côte Ouest	31
3	979	2157	Crocodilus vulgaris Cuv.	QuoyetGaymard	alcool.	Ste-Marie	40
4	1068[γ]	7362	Crocodilus niloticus Laur., var. D . .	Sganzin.	monté.	Côte Est	40
5	982		Crocodilus vulgaris Cuv., var. D . . .	Sganzin.	monté.	Côte Est	58
6	1068	7361	Crocodilus niloticus Laur	Havet.	monté.	Côte Est	86
7	999[c]	6498	Crocodilus madagasc. Grand. T	Grandidier.	monté.	Tuléar.	2,37
8	1004[c]	7787	Crocodilus robust. Grand. et Vaill. T.	Humblot.	monté.	Lac Alaotră	4,48
9		85–725	Crocodilus madagasc. Grand	Grandidier.	tête osseuse.	Côte Ouest	
10		94–473	Crocodilus robust. Grand. et Vaill . . .	H. d'Orléans.	tête osseuse.	Lac Alaotră	

Les collections comprennent en outre plusieurs pièces qui sont dans les
réserves, entre autres une peau du *Crocodilus robustus* rapportée en 1890
par M. Catat : cet individu, qui n'est ni aussi grand que celui de M. Humblot (le n° 8 du tableau précédent), car il n'atteint pas tout à fait
3 mètres, ni dans un aussi bon état de conservation, n'en est pas moins
fort beau ; il y a aussi plusieurs jeunes dans l'alcool. Nous nous sommes
naturellement servis de ces pièces pour l'étude générale, mais c'est
surtout aux exemplaires définitivement catalogués que nous avons eu
recours pour l'étude détaillée et qui, d'ailleurs, renferment les vrais
types : tels sont le n° 7, d'après lequel a été faite en 1872 la description
d'Alfred Grandidier, et le n° 8, dont le même naturaliste et l'un de
nous se sont servis pour rédiger la note présentée à l'Institut en 1883,
note qui complétait et rectifiait sur certains points la description première
du *Crocodilus robustus*[1].

Les quatre premiers exemplaires ne sont pas d'une grande utilité, ces
individus étant très jeunes, n'ayant pas encore par conséquent acquis

---

[1] Alfred GRANDIDIER, Note sur quelques animaux fossiles d'Ambolisatra (côte S. O. de
Madagascar), Paris, *Comptes Rendus de l'Académie des Sciences*, 14 décembre 1868, p. 1165.

les caractères des adultes et ne présentant que ceux qui sont, en quelque sorte, communs à tous les animaux du groupe.

Les bases sur lesquelles on s'est généralement appuyé pour distinguer les espèces dans le groupe des Emydosauriens, et particulièrement dans la famille des Crocodilidæ, sont, comme on le voit d'après les travaux de Cuvier, de Gray, de Duméril et Bibron, de Boulenger, etc., le squelette et la disposition du revêtement cutané osseux qui, seuls, présentent des particularités susceptibles d'être employées dans la classification systématique de ces animaux.

Et encore, par le mot squelette, ne doit-on entendre que la tête, le reste de l'ossature ayant dans les diverses espèces une homogénéité telle qu'il y a peu de différences à signaler. C'est donc par la tête qu'il convient de commencer notre étude.

Si l'on se reporte aux figures qui accompagnent ce travail[1], on ne peut pas ne pas être frappé des différences que présentent les crânes des deux Crocodiles de Madagascar : celui du *Crocodilus madagascariensis*[2] est relativement grêle, car le rapport entre la largeur de son museau, mesurée suivant la ligne menée immédiatement en avant des cavités orbitaires, et la distance entre cette ligne et l'extrémité antérieure du rostre est, en effet, de plus de 2, tandis qu'il n'est chez le *Crocodilus robustus* que de 1 2/3[3]; d'autres différences sont encore à noter : ainsi, chez le *Crocodilus madagascariensis*, la face supérieure de la tête a les bords maxillo-intermaxillaires presque linéaires, à peine sinueux, tandis que, chez le *Crocodilus robustus*, il existe, au niveau de la dixième dent mandibulaire, une saillie très prononcée.

L'aspect général du crâne offre aussi certains caractères distinctifs : chez le *Crocodilus madagascariensis*, les rugosités de la surface sont moins accusées, la courbure générale du museau est régulièrement arrondie, la table fronto-pariétale postérieure est sensiblement plane avec les bords latéraux à peine relevés ; chez le *Crocodilus robustus*, au contraire, les rugosités sont très prononcées, les os nasaux forment une sorte d'arête saillante

[1] Pl. 4 et 5. — [2] Pl. 4, fig. 1. — [3] Pl. 4, fig. 2.

qui commence un peu en avant du niveau orbitaire et qui n'atteint pas tout à fait l'orifice nasal, la table fronto-pariétale est inégale avec des saillies très prononcées, surtout au bord orbitaire et aux bords latéraux sus-temporaux qui s'élèvent sensiblement au-dessus de la portion centrale. Il faut toutefois remarquer que ces têtes osseuses appartiennent à des individus de taille et par conséquent d'âges différents, or, d'après ce que nous savons par l'étude des autres espèces de Crocodiliens, on peut regarder comme certain que, chez ces animaux dont la longévité semble être considérable, l'ossification du crâne peut se modifier dans des limites assez étendues selon l'âge : dans la plupart des grandes collections, on trouve des crânes ayant appartenu à des individus gigantesques chez lesquels la boursouflure des os, si l'on peut employer cette expression, atteint un degré extraordinaire [1].

MESURES PRINCIPALES DES DEUX TÊTES OSSEUSES PRISES POUR TYPES, N°s 9 ET 10 DU TABLEAU, ET RAPPORTS COMPARATIFS EN CENTIÈMES.

NUMÉROS D'ORDRE.	DÉSIGNATION.	CROCODILUS		RAPPORTS DES DIMENSIONS À LA LONGUEUR DU CRÂNE.	
		ROBUSTUS. N° 10.	MADAGAS- CARIENSIS. N° 9.	ROBUSTUS. N° 10.	MADAGAS- CARIENSIS. N° 9.
		millim.	millim.		
I	Longueur de la tête....................	440	300	100	100
II	Longueur de la tête à l'angle postérieur de la mandibule........................	570	375	129	125
III	Longueur de la tête au condyle tympanique..	500	330	113	110
IV	Longueur du museau..................	300	202	68	67
V	Largeur au niveau des condyles tympaniques.	230	140	52	46
VI	Largeur au niveau du bord antérieur de la cavité orbitaire....................	169	96	38	32
VII	Longueur de la table fronto-pariétale.......	85	61	19	20
VIII	Largeur de la table fronto-pariétale en avant...	121	67	27	22
IX	Largeur de la table fronto-pariétale en arrière .	134	76	30	25

[1] Nous devons, à ce propos, exprimer le regret de n'avoir pu, pour ces recherches, étudier le crâne d'un crocodile tué à Madagascar, crâne d'un volume énorme, qui a été exposé dans le pavillon consacré à cette colonie au Trocadéro, lors de l'Exposition universelle de 1900. Cette pièce remarquable a disparu, et les recherches que nous avons faites pour en retrouver la trace, n'ont pas abouti.

La longueur de la tête I est la distance mesurée de l'extrémité du
museau ou pointe rostrale au bord postérieur de la table fronto-pariétale
qui termine le crâne. C'est de toutes les mensurations celle qui se prend
le plus facilement et le plus exactement; aussi est-ce celle qu'il est préfé-
rable de prendre pour unité dans le calcul des rapports des diverses
parties entre elles. La longueur du museau, ainsi qu'il est admis généralement par les herpétologistes, est la longueur qui sépare cette même
pointe rostrale du plan vertical sécant transversal, mené tangentiellement
au-devant des trous orbitaires. On remarquera que les chiffres ainsi
obtenus diffèrent en somme assez peu les uns des autres, le plus grand
écart ne dépassant pas o,o6 dans les mesures V et VI, et o,o5 dans les
mesures VIII et IX : les différences que nous avons indiquées plus haut
dans l'aspect et dans les proportions, différences qui sont à première vue
évidentes, se traduisent donc par le calcul d'une façon assez peu sensible.

L'armure ostéo-dermique si caractéristique du groupe des Emydosauriens a également été mise à contribution pour les distinctions à établir
entre les animaux qui le composent; chez les deux espèces de Madagascar, comme dans la grande majorité des espèces du genre Crocodile,
la disposition du revêtement protecteur est nettement différenciée selon
les régions du corps et l'on y distingue un bouclier nuchal, un bouclier
cervical et un bouclier dorsal.

Le premier, qui est le moins important, est constitué chez le *Crocodilus
madagascariensis*[1], comme dans un grand nombre d'espèces du genre, par
une rangée de six écailles, divisée sur la ligne médiane en deux groupes,
l'un à droite, l'autre à gauche. chacun comprenant trois écailles contiguës;
le *Crocodilus robustus* a cette partie de l'écaillure plus réduite, puisqu'il n'y
a qu'une paire d'écailles de chaque côté, soit quatre en tout : la disposition est la même dans les exemplaires de M. Humblot[2] et de M. Catat.
Quelle est l'importance de ce caractère, c'est ce qu'il est difficile de
décider; l'absence du bouclier nuchal est regardée par les auteurs les
plus autorisés comme une particularité distinctive d'une valeur presque

[1] Pl. 3. fig. 1. — [2] Pl. 3. fig. 2.

spécifique pour déterminer le *Crocodilus porosus* Schneider, et le nombre
des individus de cette espèce qu'on a étudiés et chez lesquels on a constaté
la permanence de ce caractère est considérable, car cet animal est commun
dans les collections; on serait donc fondé à croire qu'ici il pourrait bien
en être de même, toutefois, on peut objecter que. chez le *Crocodilus crocodilus* Linné, le bouclier nuchal est tantôt composé de six écussons,
tantôt de quatre.

Le bouclier cervical, chez le *Crocodilus madagascariensis*[1], comprend
six écailles disposées en deux rangées transversales, dont la première
en compte quatre, disposition presque semblable à celle que présente le
Crocodilus crocodilus. Cette description n'est pas absolument conforme
à celle qu'a donnée A. Grandidier en 1872. qui indique, ce bouclier
comme constituant une bande longitudinale à peine séparée des
écussons dorsaux, ou même contiguë; de plus, ses écussons sont indiqués
comme disposés sur trois rangées et leur nombre comme variant de 8 à
12 : cette étude a certainement été faite sur de petits exemplaires tels
que ceux que nous avons dans l'alcool, et chez lesquels, comme par
exemple chez le n° 1, les écussons ont, en effet, une disposition longitudinale. Chez l'individu type du *Crocodilus robustus*, le n° 8 du tableau[2],
il y a deux rangées transversales de quatre écailles chacune, les deux du
milieu beaucoup plus développées et les externes en quelque sorte
détachées des précédentes; plus en arrière, deux écailles supplémentaires
qui ne sont pas non plus en contact direct avec les mitoyennes de la
seconde rangée qui les précèdent : sur l'individu rapporté par M. Catat,
il n'y a que deux rangées, la première de deux écailles à gauche et trois
à droite, la seconde de deux écailles mitoyennes. En résumé, nous n'avons
pas d'éléments suffisants pour reconnaître quelle est la composition qu'on
doit regarder comme normale chez ces deux crocodiles, chez le second
en particulier.

Quant au bouclier dorsal, il se rapproche par sa constitution de ce
qu'on connaît dans un grand nombre des espèces du genre Crocodile et

[1] Pl. 3, fig. 1. — [2] Pl. 3. fig. 2.

dont nous indiquerons tout d'abord les limites précises : l'antérieure, qui n'est pas douteuse, commence avec la première rangée d'écailles située en arrière du bouclier cervical dont elle est nettement séparée par un espace dépourvu d'écailles osseuses; la postérieure est le point où commence la queue, mais, comme celle-ci se confond avec le corps, on admet généralement que c'est la commissure antérieure du cloaque qui en indique l'origine : la limite est donc formée par le premier cercle écailleux complet au delà duquel se trouve cet orifice, cercle qui est placé immédiatement en arrière des membres postérieurs entre lesquels se trouvent les deux dernières rangées du bouclier dorsal. Ainsi fixé, ce bouclier chez le *Crocodilus madagascariensis* se compose de dix-sept rangées transversales, la première comptant 4 écailles, rarement 2, les quatorze suivantes 6, et les deux dernières, les interfémorales ou pelviennes, 4. Comme toujours, ces écailles, épaisses, fortement carénées, sont solidement engrenées les unes dans les autres transversalement et chevauchent d'avant en arrière, chaque rangée se plaçant antérieurement sous celle qui la précède et présentant à cet effet une surface de glissement unie, suivie des anfractuosités caractéristiques de ces écailles chez les Emydosauriens. Sur les flancs, se voient, au moins chez les grands individus du *Crocodilus robustus*, des écailles qui se rapprochent parfois assez du bouclier dorsal proprement dit pour se joindre plus ou moins exactement aux rangées transversales au point de les prolonger; l'on pourrait alors sur quelques-unes de celles-ci en compter 8 ou 9.

Quant à la queue, elle est, comme chez tous les Crocodiles, entourée d'écailles parfois ossifiées surtout dans la partie basilaire, tantôt arrondies, le plus souvent carrées. On compte de 34 à 40 de ces cercles, et les particularités qu'ils présentent portent sur les prolongements appendiculaires constituant les crêtes qui en ornent le dessus; cette armature fait de la queue des Crocodiles une rame puissante qui les rend très redoutables par la rapidité avec laquelle ils se meuvent dans l'eau. Sur les six ou sept premiers anneaux, ces prolongements n'apparaissent que comme de légères élévations assez semblables aux carènes des écailles dorsales : il en existe toutefois constamment deux séries latéro-supérieures

dont les éléments deviennent d'autant plus distincts qu'on les observe plus
en arrière; de là jusqu'au dix-huitième ou dix-neuvième anneau, ce sont
des prolongements lamelleux épidermiques, dont la dimension atteint
jusqu'à 6o ou 8o millimètres, toujours croissant graduellement d'avant
en arrière, les séries se rapprochant de plus en plus au point de se con-
fondre vers le dix-neuvième anneau, à partir duquel le prolongement
caudal n'offre plus jusqu'à l'extrémité qu'une crête unique dentelée. Cette
disposition diffère peu chez les divers individus [1].

Les deux grands pores cutanés qui sont placés sous le menton et qui
sont les orifices de deux glandes globulaires, par lesquelles suinte une
humeur grasse d'une odeur musquée, sont considérés par les Sakalavă
comme deux yeux supplémentaires qui leur servent à voir sous l'eau!

L'exposé qui précède laisse place à un certain doute sur la distinction
spécifique de ces deux Crocodiles, car aucune des différences que nous
avons signalées n'entraîne la conviction absolue que morphologiquement
on puisse affirmer qu'ils sont réellement distincts. Toutefois les voyageurs
et les naturalistes qui les ont vus sur place sont unanimes à les regarder
comme spécifiquement différents, d'accord avec les indigènes qui les
désignent par des noms spéciaux, et nous sommes d'avis qu'il existe réellement à Madagascar deux espèces de Crocodiles, le *Crocodilus madagascariensis* Grandidier et le *Crocodilus robustus* Grandidier et Vaillant.

Une question non moins délicate est de décider si ces animaux
doivent être réellement distingués d'autres espèces et en particulier du

[1] Le Dr A. Voeltzkow a fait d'importantes
études sur l'œuf, l'embryogénie et le développement du Crocodile de Madagascar : Ein
Beitrag zur Kenntnis der Eiablage bei Kro-
kodilen (*Zoologischer Anzeiger*, août 1890);
I. Ueber Eiablage und Embryonalentwickelung der Krokodile; II. Ueber Biologie der
Embryonalentwickelung der Krokodile
(*Monatsb. Preuss. Akad. Wissensch.*, février
1891 et mai 1893), et dans les *Abhandl.
Senckenberg. Gesellsch.*, t. XXVI, 1899-
1901 : I. Biologie und Entwicklung der
äusseren Körperform von «Crocodilus Madagascariensis» (p. 1-150, avec 18 fig. dans
le texte et 17 pl., I-XVII); II. Zur Frage nach
der Bildung der Bauchrippen (p. 315-336
et pl. XXX-XXXI) | Ontogénie du «Cr. ma-
dagascariensis»]; III. Keimblätter Dotter-
sack und erste Anlage des Blutes und der
Gefässe von «Cr. Madagascariensis» (p. 339-
418, avec 5 fig. dans le texte et 7 pl.,
XXXII-XXXVIII), et t. XXVII, 1903 : Epi-
physe und Paraphyse bei «Cr. Madagascariensis» (p. 165-175 et pl. XXVI et XXVII).

Crocodilus crocodilus Linné, car leurs rapports avec les Crocodiles afri-
cains sont intimes, surtout si on les compare aux variétés à museau
allongé dont Geoffroy-Saint-Hilaire a fait son *Crocodilus suchus* et Duméril
et Bibron leur *Crocodilus vulgaris*, variété D. C'est probable, mais on ne
pourra trancher cette question que lorsqu'on aura un plus grand nombre
de documents.

Le Crocodilus madagascariensis est commun dans toute l'île de Madagascar, mais beaucoup plus dans les rivières et les lagunes de l'Est et de
l'Ouest que sur le plateau central où il vit côte à côte avec son congénère
le *Crocodilus robustus* qui en est l'hôte principal. Quoiqu'il habite de pré-
férence les grands cours d'eau, il en fréquente qui n'ont pas plus de o m. 5o
de profondeur. A la saison des pluies, il remonte plus haut dans les
rivières qu'à la saison sèche et il en vient, dans l'Ikopă, jusqu'aux chutes
de Farahantsană et même jadis dans les marécages du Mambă, tout auprès de Tananarive, et, dans le Matsiatră, jusqu'auprès de Fianarantsoa.

Tous les voyageurs qui ont visité la région occidentale de Madagascar
racontent que, soit sur les bords sablonneux des grands fleuves de l'Ouest,
notamment du Betsibokă, du Manambolŏ, du Tsiribihină et de l'Onilahy
ou Saint-Augustin [1], soit sur les bancs qui y sont si nombreux à la saison
sèche, ils en ont vu des troupes comprenant quelquefois une vingtaine
d'individus et plus, dormant au soleil, souvent la gueule grande ouverte
et ronflant fort, car il n'est pas rare qu'ils ronflent en dormant; dans
les rivières de l'Est, notamment dans le Maningorў, le Mangorŏ, le

---

[1] «Les matelots de la caravelle portu-
gaise «Nossa Senhora de Esperança» ayant
remonté le fleuve Onilahy pendant une lieue,
virent de nombreux crocodiles nager
autour de leur embarcation et tirèrent sur
l'un d'eux» (R. P. Luis Mariano, Novo Des-
cobrimento da Ilha de San Lourenço em
1613, *Coll. Ouvr. anc. Madagascar*, t. II, p. 3o).

«Dans l'Onilahy, il y a une grande
quantité de crocodiles; nous en avons tué
plusieurs avec nos arquebuses… Ils venaient
devant notre fort manger les entrailles des
bœufs et des moutons. Nous en tuâmes
quelques-uns. Ils sont fort grands et dangereux; toutefois, lorsqu'ils sont poursuivis,
ils s'enfuient. Ils sont difficiles à tuer parce
qu'ils sont couverts jusqu'à la queue d'é-
cailles fort dures, mais le ventre est mou
et aisé à pénétrer. Leur gueule est garnie
de dents aiguës, la mâchoire de dessus
se mouvant au contraire des autres animaux» (François Martin, de Vitré, 1642,
Coll. Ouvr. anc. Madagascar, t. I, p. 284
et 287).

Matitanană, le Mananară, etc., c'est d'ordinaire sur les rochers émergeant de l'eau ou bien sur des troncs ou sur des racines d'arbres bordant leurs affluents qu'on les voit étendus paresseusement et, au bruit fait par les pagayeurs, se laisser glisser dans l'eau et disparaître silencieusement. A la saison des pluies, on en voit beaucoup moins, car les eaux envahissent et couvrent la plupart des endroits où ils ont l'habitude de se reposer. Il y en a aussi, quoique leurs eaux soient salées, dans le lac d'Iotry ainsi que dans la lagune de Mangă[1], qui se trouvent sur la côte Ouest : Grevé a observé à Mangă que les crocodiles qui y habitent vont se désaltérer aux petits puits ou cavités creusées dans le sable par les Sakalavă sur le bord de cette lagune et où sourd de l'eau douce. On n'en trouve pas toutefois dans les cours d'eau torrentueux, ni dans celles des lagunes de l'Est et dans le grand lac Tsimanampetsotsă dont les eaux ont une teneur en sel très élevée. Il n'est pas rare qu'ils s'aventurent dans les rades aux embouchures des rivières; presque tous les ans, on en voit quelques-uns nager le long de la côte occidentale de Sainte-Marie, quoiqu'il n'y en ait pas dans cette île, et, lors des débordements du Tsiribihina, le courant d'eau douce qui va jusqu'à six et huit milles de la côte en entraîne fréquemment en pleine mer. Il n'y a pas lieu de s'étonner de l'énorme quantité de crocodiles qui existe à Madagascar, car, en beaucoup de lieux et pour beaucoup de Malgaches, ce sont des animaux sacrés auxquels ils n'oseraient pas faire de mal et qu'ils nourrissent même quelquefois; grâce au respect et même à la vénération que les indigènes ont eus de tout temps pour eux, comme nous le verrons en détail plus loin, ces dangereux reptiles ont eu toute facilité pour croître et se multiplier.

Quoique ce soit pendant la saison sèche, de mai à novembre, qu'on voie le plus de crocodiles, cependant il en est beaucoup, à cette époque où la température est moins élevée et où ils sont moins actifs et moins voraces, qui s'enterrent dans la vase, soit sur le bord des rivières, soit sur les bancs laissés à découvert pendant les basses eaux, et qui y hivernent.

Divers oiseaux, certains hérons et surtout les cormorans et les anhingas

[1] Cette lagune est à 36 milles au sud de Morondavă, près de l'embouchure du Lampaolona, derrière la colline de Mitehina.

se perchent souvent à côté de ces reptiles et parfois même sur leur dos, aussi sont-ils considérés par les Malgaches comme leurs amis, comme leurs gardiens tutélaires : les cormorans (*Graculus africanus*) et les anhingas (*Plotus melanogaster*) sont appelés *Renivoay, Sakaizam-boay* ou *Rangahim-boay* [litt. : les mères *ou* les amis des crocodiles] ou encore *Arondovÿ* [litt. : qui protègent, qui gardent l'ennemi], et, chez les Sakalavă du Nord, l'*Ardea gularis* porte le nom de *Fangali-motivoay* [litt. : qui fouille les excréments des crocodiles].

Le nom du *Crocodilus madagascariensis* dans toute l'île est *Voay*[1], excepté dans l'Imerină où, ce nom étant appliqué à l'autre espèce malgache, au *Crocodilus robustus*, on l'appelle *Mambă*[2] : certains Sakalavă lui donnent le nom de *Gogŏ*. Ces derniers prétendent qu'il y a quatre espèces de Crocodiles : les *Voaimbatŏ* (crocodiles de rocher), les *Voaimpotakă* (crocodiles de boue), les *Voailangantilÿ* (crocodiles espions) et les *Voaimambă*, mais les trois premiers noms indiquent seulement l'habitat des *Voay* ordinaires.

Leur taille ne dépasse guère 4 mètres ou 4 mètres 50; les individus de 6 mètres sont rares. Cauche cependant, en 1638, parle de crocodiles ayant 8 mètres de long[3] et François Martin, en 1667, en a vu un de

[1] « *Voaha*, c'est le Crocodile; il vit dans les rivières et a rude guerre contre le Tiburon [Requin]. Le mâle sent le musc et se tient dans les rivières aux lieux moins fréquentés; il surprend quelquefois des bœufs quand ils viennent boire et les prend par le mufle; il surprend les chiens, dont il est friand, et quelquefois des hommes aussi » (FLACOURT, *Histoire de la grande Isle Madagascar*, 1661, p. 168).

[2] Il semble ressortir de ces deux appellations que jadis, lorsque la grande plaine de Betsimitatatră, qui s'étend à l'ouest de Tananarive, et celle de l'Antsihanakă étaient d'immenses marécages, elles n'étaient habitées que par le *Crocodilus robustus*, crocodile essentiellement lacustre, de sorte que le même nom de *Voay*, qui est le plus ancien (étant d'origine indo-mélanésienne, comme le fond de la population) et le plus général, a servi à désigner tous les crocodiles de quelque espèce qu'ils fussent. Mais lorsque les crocodiles des rivières sont peu à peu montés des pays bas sur le haut plateau et se sont mêlés à leurs congénères, on leur a cherché un autre nom et appliqué celui que les Antalaotră du N. O. leur donnent et qui est d'origine souahili.

[3] « Les crocodiles, quoique amphibies, passent à Madagascar pour des animaux terrestres à quatre pieds. Ils se nourrissent dans les joncs sur le bord des rivières. On en trouve de vingt-cinq pieds de long, couverts d'écailles et partant difficiles à tuer, excepté sous le ventre dont la peau est fort tendre et facile à percer. La gueule est grande, garnie de dents rares et aiguës, celles de dessus passant par-dessus la mâ-

5 à 6 brasses (de 8 à 9 mètres) dans le haut Maningorÿ [probablement un *Crocodilus robustus*][1].

De Valguy, en 1768, dit que « la prunelle de leur œil est en ovale aigu, noire, tournant comme l'aiguille d'une montre en douze heures » (?).

Comme leur estomac est souvent plein de cailloux, les Sakalavă des bords de l'Ikopă prétendent que leur nourriture principale consiste en pierres. En réalité, ils mangent beaucoup de poissons, dont ils dépeuplent les cours d'eau de Madagascar, et ils ne répugnent pas à se repaître de la chair de leurs congénères morts[2]; à l'occasion, ils ne se font pas faute de happer chiens, chèvres et bœufs, lorsque ces animaux viennent boire à la rivière ou la traversent, et ils s'attaquent aussi aux hommes, que ceux-ci soient dans l'eau, en pirogue ou même quelquefois à terre; chaque année, on signale de nombreux accidents, et les Malgaches en ont avec raison grand'peur, ce qui ne les empêche pas d'être très imprudents. Le crocodile est du reste le seul animal redoutable à Madagascar, dont il est le fléau : il est quelquefois assez audacieux, affirment les Antankarană et les Sihanakă, pour entrer, à l'époque des pluies, dans les villages qui sont bâtis au bord des marais et emporter les volailles ou les chiens qu'il y trouve.

Les Sakalavă disent que les crocodiles se creusent dans les berges des fleuves des sortes de cavernes, des repaires dont l'entrée est sous l'eau, mais dont la chambre où ils se tiennent est en contre-haut, plus élevée et à sec, de sorte qu'ils peuvent s'y retirer et respirer librement : c'est le *Lapam-boay* [litt. : le Palais du crocodile][3]. D'après eux, lorsque

choire de dessous qui est fixe, l'autre se mouvant, ce que la nature a fait sagement, l'animal étant fort bas sur ses pieds, rampant presque à terre, de sorte que, s'il avait la mâchoire de dessous mobile et celle du dessus fixe, comme l'ont les autres animaux, il ne pourrait rien attraper et par ainsi mourrait de faim » (*Relation du royage de François Cauche*. 1651, p. 128, et *Coll. Ouvr. anc. Madagascar*. t. VII, p. 136).

[1] « Nous vîmes dans la rivière de Maningory un crocodile d'une extraordinaire grandeur; nous le prîmes d'abord pour un grand tronc d'arbre flottant. Il sortit de l'eau et se mit sur des roches qui étaient sur l'autre bord. Sans exagération. il avait au moins cinq brasses de long » ... « Je ne sais si l'on me croira, mais il n'y a rien de plus vrai qu'on voit à Madagascar des crocodiles de cinq à six brasses » (Mémoires sur l'établissement des colonies françaises aux Indes Orientales, *Manuscr. Arch. nat.* [Tˣ 1169]. copie dans la *Bibl. Grandidier*, p. 235 et 305).

[2] *Le Progrès de l'Imerina*. 15 févr. 1893.

[3] Ce qui a été dit à l'un de nous par maints Sakalavă a déjà été raconté au

les crocodiles s'emparent à terre d'un quadrupède quelconque ou d'un homme, ils en mangent seulement les entrailles, mais, si leur proie est dans l'eau, ils la noient et ne la dévorent pas de suite, n'aimant pas la viande fraîche; ils la portent dans leur repaire, sorte de garde-manger, où ils attendent, avant de festoyer, que leur gibier soit, sinon corrompu, tout au moins fortement faisandé, veillant devant l'entrée jusqu'à ce qu'il soit bien à point[1]. Cette croyance, très enracinée surtout dans l'Ouest, ne vient-elle pas de ce qu'on a plusieurs fois retrouvé intacts les cadavres d'individus que des crocodiles avaient noyés, car il ne semble pas douteux que ces animaux n'aiment pas la viande fraîche? Edmond Samat a en effet repêché au fond du Morondavă le corps d'un Malgache seize heures après qu'il avait été saisi par un crocodile tandis qu'il traversait la rivière à la nage, et ce corps ne portait que des traces, assez légères du reste, des dents de l'animal; l'expérience a montré que les crocodiles font

xviiie siècle à Souchu de Rennefort avec addition de détails quelque peu étranges, qui pourraient bien être sortis de l'imagination fertile de l'auteur : «Un Malgache, dit-il, m'a montré une grande blessure qu'il a au haut de la cuisse et qui, affirme-t-il, lui a été faite par un crocodile qui le surprit et, ce que je n'ose croire, l'emporta dans un grand trou où il le laissa, allant chercher des compagnons pour prendre part au festin. Se sentant démordu et libre, il était remonté sur le bord d'où il avait vu que les invités avaient mis en pièces leur amphytrion pour se venger de ce qu'il les avait trompés» (*Relat. du premier voy. Cie des Indes à Madagascar.* 1668, p. 210).

[1] Lahimerijă, qui était le roi du Fiherenană ou province de Saint-Augustin dans la deuxième moitié du xixe siècle, a raconté à A. Grandidier, en 1869 [et ce récit est vrai de tout point, lui a assuré l'un de ses ministres, car un roi ne ment pas], «qu'un de ses ancêtres avait été pris par un crocodile et traîné dans son repaire et que, tiré de la torpeur dans laquelle il était tombé par le cri strident d'un *vaza* ou gros perroquet noir, il avait pensé qu'il ne devait pas être bien profondément sous terre puisque ce cri était venu jusqu'à lui. Il s'était donc mis à creuser avec ses mains le sol humide qui était au-dessus de sa tête et avait eu bientôt la joie de voir briller le soleil et de sortir de sa prison, laissant le monstre veiller devant l'entrée. Il fit alors le vœu non seulement de ne jamais faire de mal à aucun perroquet, mais il défendit, sous peine d'être maudits, à tous ses descendants nés ou à naître, d'en jamais tuer», et lui, Lahimerijă n'en a jamais tué et n'a jamais permis qu'on en tirât en sa présence; c'est parce que A. Grandidier allait en tirer un devant lui, le 19 février 1869, à Ambolisatră, avec le désir d'en faire son dîner, qu'il lui raconta cette histoire, le priant de s'abstenir de commettre un semblable sacrilège, d'autant plus, ajouta-t-il, que, «comme vous êtes mon frère de sang et que, par conséquent, vous êtes devenu le petit-fils de cet ancêtre vénéré, sa malédiction vous frapperait certainement».

peu de mal aux grosses proies qu'ils happent en eau profonde, car, dans ce cas, hommes ou animaux ne peuvent pas opposer une résistance sérieuse à leur ennemi qui n'a pas, par conséquent, besoin d'user de sa force et qui, lui-même, du reste, n'ayant pas de point d'appui, n'en pourrait guère faire usage[1]; quand, au contraire, il y a peu d'eau, 40 ou 50 centimètres par exemple, il y a lutte entre l'animal et sa victime qui cherche naturellement à échapper à l'étreinte de l'ennemi, lequel serre davan-

[1] Edmond Samat a vu, à l'embouchure du Tsiribihină, un crocodile saisir un Sakalavă par la tête et l'emporter à fleur d'eau jusqu'auprès de la pointe du Mandelikia, soit pendant plus d'un mille; là, l'animal suivit le bord du fleuve, passant sous des palétuviers; le malheureux qui était plus mort que vif, se sentant effleurer par les branches, en saisit une; sous la secousse brusque et inattendue qui s'ensuivit, l'animal ouvrit la gueule et lâcha sa proie, qu'il ressaisit de suite par le cou. Néanmoins, ce Sakalavă, un nommé Tsimananjokỹ, qui était le frère du chef de Tsimanandrafozaná et que A. Grandidier a connu, réussit à se sauver. Samat a constaté que les morsures à la tête étaient insignifiantes, mais qu'au cou, au contraire, elles étaient profondes et que les chairs étaient déchirées; il y avait eu lutte.

Une autre fois, un jeune homme, qui remontait ce même Tsiribihină à la voile dans une pirogue, ayant laissé tomber son lamba à l'eau, se jeta à la nage pour le repêcher; saisi par un crocodile à la cuisse, il eut l'idée ingénieuse et la présence d'esprit de prendre la patte de l'animal et de la mordre à belles dents; lâché un instant, il revint à la surface de l'eau, mais, repris incontinent par la hanche, il recommença la même manœuvre, fut de nouveau relâché, puis repris par le bras, mais ses compagnons avaient eu le temps de serrer la voile et d'accourir à force de pagayes au secours

du blessé qui ne portait que de faibles marques de dents. En huit jours, Edmond Samat le guérit.

Il n'y a pas du reste que des Malgaches ou des Cafres qui soient la proie des crocodiles. En février 1608, un nommé George Evans, matelot de l'*Hector*, l'un des deux navires anglais commandés par le capitaine Keeling, a été grièvement mordu à l'embouchure de la rivière de Saint-Augustin par un de ces animaux (*Coll. Ouvr. anciens concernant Madag.*, par A. et G. GRANDIDIER, t. I, p. 409), et, en 1616, un matelot qui accompagnait les Missionnaires portugais, a été dévoré dans l'Anosỹ, sur le bord de l'îlot de Fanjahirä (R. P. LUIS MARIANO, *Coll. Ouv. anc. Madagascar*, publiée par A. et G. GRANDIDIER, t. II, p. 155), etc. En 1810, un matelot anglais a été coupé en deux auprès de Tamatave (*Arch. col. du Min. Colonies*) et en juillet 1889, un autre Anglais, qui se baignait à Majunga, a été, dit-on, emporté par un de ces animaux. Dans le Nord-Est, à la Pointe-à-Larrée, A. Grandidier a vu un nommé Auber, qui avait été mordu à la cuisse, où les dents du crocodile avaient laissé des marques profondes, mais qui avait pu heureusement échapper.

Quand A. Grandidier était à Tsimanandrafozaná, quelques matelots s'en allèrent couper du bois de palétuvier, arbre qui, comme l'on sait, pousse dans la vase du bord de la mer; ils étaient déjà dans la pirogue, n'attendant plus pour partir que l'un des tage les mâchoires pour la retenir et, prenant appui sur la terre, se sert de sa queue robuste; dans ce cas, il y a des membres cassés et les dents déchirent profondément les chairs, faisant d'horribles blessures.

On ne pourrait pas compter le nombre de bœufs, de chèvres, de cochons, de chiens, qui, venant boire au bord d'un cours d'eau, surtout à la saison des pluies lorsque les eaux sont troubles et limoneuses, sont chaque année happés par le museau et dévorés par les crocodiles, et il n'est pas rare que les femmes qui viennent y puiser l'eau avec leurs vases soient prises par la main ou par le bras [1]. Il n'est pas rare non plus que ces animaux fassent chavirer les pirogues, soit en les heurtant avec leur corps, soit en posant leurs pattes d'avant sur le bord, comme il est arrivé dans une lagune près de Mahela à M. Ligier, qui l'a raconté à A. Grandidier, et ces accidents ne sont pas sans danger; il est encore moins rare qu'ils n'appréhendent au passage les bœufs [2] ou les humains qui se baignent

leurs qui s'était attardé. Celui-ci, qui arrivait tout courant, mit le pied sur ce qu'il croyait être un tronc d'arbre au long duquel était rangée l'embarcation, tout prêt à sauter dedans, quand il fut renversé par une violente secousse qui fit en même temps chavirer la pirogue. Le tronc d'arbre n'était autre qu'un gros crocodile qui, tiré de son sommeil par l'imprudent qui avait inconsciemment sauté sur lui, s'était enfui tout épeuré. Les matelots en furent heureusement quittes pour un bain dans la boue. Il y a eu du reste, même dans ces dernières années, d'assez nombreux cas d'Européens blessés ou tués par les crocodiles; on peut citer entre autres la mort de M. François Suberbie, le cousin de l'ancien directeur de la Compagnie des Mines d'or, qui étant tombé la nuit dans le Betsibokă, a été la proie des crocodiles qui y pullulent.

[1] Drury raconte qu'étant dans le Fiherenană en 1712, il rencontra une jeune femme qui allait chercher de l'eau à la rivière. « Au moment, dit-il, où, étant entrée un peu dans l'eau, elle se courbait pour emplir son vase, un crocodile la saisit par la cuisse et chercha à l'entraîner en eau profonde. Elle put heureusement tenir sa tête et ses bras hors de l'eau et, étant accouru en toute hâte, je lui tendis une de mes sagayes dont elle se saisit et je pus la tirer à moi sans que le crocodile lâchât prise; ayant réussi à lui prendre la main, je frappai l'affreuse bête d'un fort coup de lance et la blessai; elle n'abandonna toutefois sa proie qu'après que je lui eus asséné un second coup. Sur ces entrefaites, des secours arrivèrent et nous retirâmes de l'eau la malheureuse encore vivante, qui en fut quitte pour deux grandes blessures que lui avaient faites les dents aiguës du monstre- (Les aventures de Robert Drury, *Coll. Ouvr. anc. Madagascar*, publiée par A. et G. GRANDIDIER, t. IV, p. 309). — Les Antimorona ont la précaution, et les Sakalavă feraient bien de les imiter, d'enclore avec des pieux les endroits ou *seranană* où les femmes ont coutume d'aller puiser l'eau, ce qui les met à l'abri de la voracité des crocodiles.

[2] « Au Ménabé, comme Drury, en 1712,

dans une rivière, ou la traversent soit à un gué profond, soit à la nage, car, même encore aujourd'hui, les ponts ne sont rien moins que communs à Madagascar.

Il y a toutefois des endroits où ils ne semblent pas dangereux. Ainsi, le docteur Catat en a vu beaucoup dans le nord-est du pays Bară, notamment dans le Menaharakă et les petits lacs avoisinants, et les indigènes n'en ont aucune peur; il est vrai qu'ils prétendent avoir des *odÿ* ou charmes souverains contre les crocodiles méchants. Aussi femmes et enfants, armés de leurs gris-gris, pêchent-ils dans ces rivières et lacs, demi-nus avec des nasses sans s'en inquiéter.

Les crocodiles pondent, dit-on, de 5o à 6o œufs que les femelles déposent dans le sable vers les mois d'août et surtout de septembre et que le soleil fait éclore. Certains clans sakalavă, les Antamby, les Sakoambé, les Antambahă, surtout les Vazimbă du Ménabé, etc., et beaucoup de Masikorŏ, du reste, ainsi que les Malgaches du Sud-Est, mangent les œufs de crocodiles, que jadis on vendait quelquefois sur les marchés[1]. Ellis dit que, chez certaines peuplades [de l'Est (?)], on les fait bouillir, puis qu'on enlève la coquille et qu'on les fait sécher au soleil : des missionnaires en auraient vu jusqu'à 5oo en train de sécher chez une seule famille[2]. Quant aux Merină, ils n'en sont pas friands, quoi qu'en dise Émile Blanchard[3].

---

traversait à gué avec deux chiens une rivière où il avait de l'eau jusqu'au ventre, l'un de ces animaux fut happé à ses côtés par un crocodile; les Malgaches qui l'accompagnaient n'hésitèrent pas cependant à passer le gué, car, comme ils étaient nombreux, ils ne craignaient pas d'être attaqués; en effet, lorsqu'il y a beaucoup de monde faisant du bruit, les crocodiles se tapissent au fond de l'eau et y demeurent sans bouger, même marchât-on dessus» (Les Aventures de Robert Drury, *Coll. Ouvr. anc. Madagascar*, publiée par A. et G. GRANDIDIER, t. IV, p. 339-340).

[1] Le sieur de la Merveille, capitaine français qui visita la baie de Massali [baie de Bombétoke] en 1708, dit que les femmes du pays lui apportèrent des œufs de crocodiles qui sont presque semblables à ceux des oies, avec la coque fort blanche et un peu raboteuse; les Anglais l'avertirent qu'il fallait les casser pour les reconnaître et que, si on en mangeait, ils avaient la funeste vertu de troubler l'esprit. Ils ne sont remplis que de blanc avec une petite barre de sang au milieu (*Voy. dans l'Arabie heureuse en 1708-1710*, par LA ROQUE, 1715, p. 15, et *Coll. Ouvr. anc. Madagascar*, publiée par A. et G. GRANDIDIER, t. III, p. 620, note).

[2] *Hist. of Madagascar*, 1838, t. I, p. 51.

[3] *Revue des Deux-Mondes*, 1er août 1872, p. 630.

Il paraîtrait que quelques Malgaches mangent du crocodile; Souchu de Rennefort prétend en effet qu'à Madagascar ces reptiles sont ordinairement gras, ont la viande blanche et que les Malgaches la mangent et la trouvent aussi bonne que du veau (!) [1].

Il n'est pas facile de tuer les crocodiles, les seuls points vulnérables étant en arrière et un peu au-dessus de la patte d'avant; on peut encore avoir quelque chance de les voir rester sur place, en les tirant à la gorge [2]. Les Malgaches ne les tuent jamais à coups de fusil; quand ils se proposent d'en capturer un, ils attachent un morceau de viande soit à un croc. soit plutôt à un fuseau en bois dur, pointu aux deux extrémités, qu'ils jettent dans l'eau à la tombée de la nuit; quand un crocodile happe l'appât et ferme la gueule, les deux pointes du fuseau percent les deux mâchoires et on le hale à terre et on le tue à coups de sagaye [3].

[1] *Relation du premier voyage de la Cie des Indes à Madagascar*, 1668, p. 210.

[2] «Dans l'Onilahy, il y a beaucoup de crocodiles; nous en tuâmes plusieurs. En quoi nous observâmes une chose admirable, c'est que. en ayant tué un et l'ayant éventré et ouvert, ses entrailles sentaient fort bon et embaumaient l'air d'une odeur fort agréable. C'est la nuit que nous nous mettions au guet pour les attraper; le jour, nous jetions au bord de la rivière, sur le sable. force entrailles de bœufs et de moutons ou d'autres bêtes et, à la nuit close, ils ne manquaient pas de venir à la charogne, et lors on les tirait; quand ils n'étaient que blessés et qu'ils se sauvaient. on ne laissait pas de sentir toute la nuit une odeur de musc» (François PYRARD, de Laval, 1602, *Coll. Ouvr. anc. Madagascar*, t. I, p. 298-299). — «En 1608, les matelots de W. Keeling tuèrent à coups de fusils un crocodile qui marchait lentement sur la rive du Saint-Augustin: quoique mort après avoir reçu un grand nombre de balles, les mouvements convulsifs qu'il faisait encore inspiraient de la frayeur. Il avait seize pieds de long [plus de 5 mètres] et sa gueule était si large qu'il ne nous parut point surprenant qu'elle pût engloutir un homme. Keeling fit transporter ce monstre jusqu'à son vaisseau pour en donner le spectacle à tous ses gens. On ouvrit son corps et l'odeur qui s'en exhala parut fort agréable, mais, quoique sa chair fut plaisante à voir, les matelots, même les plus hardis, n'osèrent pas en goûter» (W. KEELING, *Voy. to Saint-Augustin Bay in 1608*, reproduit dans l'*Hist. génér. des voyages* et dans l'*Hist. des Reptiles* de DAUDIN, t. II. an x, p. 381-382, ainsi que dans la *Coll. Ouvr. anc. Madagascar*, t. I, p. 409 et 411).

[3] On emploie aussi un émerillon de 10 à 15 centimètres, qu'on enveloppe de viande. et on amène une des moitiés à toucher la corde à laquelle on l'attache avec une ficelle; l'animal l'avale et, quand on tire, la ficelle casse et l'émerillon vient en travers dans l'estomac. — Drury raconte que «quelques chefs du Ménabé se plaisent à faire la chasse aux crocodiles, le plus généralement au moyen d'un harpon retenu par une corde attachée tout à la fois au fer et au manche. Le chasseur s'avance en pagayant doucement

Mais peu de Malgaches osent faire la chasse aux crocodiles, car, sinon tous, presque tous en ont une crainte superstitieuse et, plutôt que de les tuer, ils préfèrent se concilier leurs faveurs par des prières et par des présents qu'ils jettent dans l'eau en témoignage de déférence respectueuse, ou bien ils se procurent à grand prix des *odӱ* ou charmes qu'ils considèrent comme les mettant à l'abri de leur méchanceté et de leur voracité. Certains Malgaches prétendent avoir le pouvoir de commander aux crocodiles : lorsqu'ils ont à traverser une rivière à la nage, ils prennent un peu d'eau de cette rivière dans leur bouche et la crachent devant eux, procédé infaillible, disent-ils, pour tenir ces animaux à l'écart.

Il y a des peuplades (Antankarană, Betsimisarakă antavaratră ou du Nord, Tanalä, Sakalavă) qui croient qu'après leur mort, les âmes de leurs chefs s'incarnent dans le corps de crocodiles. Un grand chef de la baie d'Antongil, Rabé (le fondateur du clan célèbre des Zafy Rabé), sacrifiait tous les ans un jeune homme ou une jeune fille à un crocodile monstrueux qui habitait dans un étang voisin de sa résidence et qu'il tenait pour un

vers le crocodile qu'on voit d'ordinaire de loin, car cet animal se laisse flotter à la surface de l'eau, immobile, avec le nez seul au-dessus de l'eau : on dirait une bouse de vache flottante. Quand on en est à une dizaine de mètres, il se laisse couler au fond du lac où il rampe un bon bout de temps sans s'arrêter; on découvre l'endroit où il se cache aux bulles d'air qui viennent crever à la surface de l'eau. On donne un fort coup de pagaye à l'endroit où crève l'une de ces bulles; en entendant ce bruit, il s'aplatit aussitôt sur le ventre qui déborde sur les côtés, et le harpon, qui ne pénétrerait pas plus dans la tête et dans le dos que dans un rocher, arrive souvent à percer les parties qui débordent et ne sont pas protégées par de fortes écailles comme le reste du corps. Quant aux Vazimba qui habitent le bord du Mania, ils pêchent les crocodiles avec de forts filets de corde à mailles très larges, ou bien ils les prennent au moyen de pièges consistant en un bâton qui porte un nœud coulant et est courbé de manière à former ressort, pièges qu'ils placent à l'entrée d'un ruisseau ou d'un petit chenal. J'ai vu le chef Ratsolo et ses compagnons tuer, par ces divers moyens, en une seule journée, de vingt à trente crocodiles» (Les aventures de Robert Drury, 1716, *Coll. Ouvr. anc. Madagascar*, publiée par A. et G. Grandidier, t. IV, p. 366-367).

Souchu de Rennefort dit que, «lorsque des crocodiles ont dévoré un homme, un bœuf ou un chien, les Malgaches s'en vont à l'endroit où a eu lieu la disparition avec un gros crochet de fer auquel est attachée la moitié d'un cabri fraîchement écorché; ils jettent cet appât dans l'eau et se retirent à une petite distance tenant à la main la corde qui retient le crochet; un seul reste au bord de l'eau et fait crier un chien. Le crocodile, ainsi appelé, s'approche, et chemin faisant, trouvant l'appât, il l'avale et est aussitôt halé à terre et assommé» (*Relat. premier voy. Cⁱᵉ des Indes à Madagascar*, 1668, p. 210).

de ses aïeux; la victime, bien parée, était conduite au bord de l'étang aux acclamations de la foule et mise dans la fourche d'une pièce de bois qui s'élevait d'un pied ou deux au-dessus de l'eau et d'où le monstre l'arrachait pour la dévorer à son aise[1]. Chez les Betsileo, ce sont seulement les âmes des petits chefs qui ont ces reptiles pour demeures, celles des princes se réfugiant dans le corps des serpents *fananŏ* et celles du vulgaire dans le corps des anguilles; aussi, avant de passer une rivière, les parents de ces petits chefs adressent-ils toujours une prière aux crocodiles, leur disant : «Ô vous, seigneurs Crocodiles, nos aïeux vénérés, ne nous faites pas de mal!» Les Betsimisarakă antatsimŏ ou du Sud et les Antimoronă croient que ce sont les âmes des méchants qui, seules, vont dans le corps des crocodiles et que, seuls, les parents de ces méchantes gens ne doivent pas tuer ces animaux.

Dans le bras de Kindromă qui vient au Tsiribihină de la plaine de Tsiharonă, il y a une masse considérable de crocodiles qui sont sacrés et qu'il est défendu de tuer, car, à côté, sont les tombeaux de quelques princes Maroseranană, de la dynastie des rois du Ménabé, et, chaque fois qu'on vient prier les *lolŏ* ou mânes de ces princes et sacrifier quelques bœufs en leur honneur, les entrailles des victimes doivent être données à ces crocodiles. Ceux du déversoir du lac Bemarivŏ dans le même Tsiribihină sont considérés comme incarnant les âmes des deux derniers rois du Ménabé, Toeră et Ingereză, morts récemment.

Aux environs de Tuléar, il y a un petit lac où, sous la surveillance d'un gardien, vivent en paix d'énormes crocodiles (*Crocodilus robustus*) : ce sont les crocodiles royaux dans les corps desquels les âmes des rois défunts ont élu domicile. Tompomanană, le dernier roi du Fiherenană, les entretenait religieusement.

Dans certains étangs du Nord-Ouest, chaque gros crocodile a son nom (à Ampotakă, par exemple, auprès du Betsibokă), et des Sakalavă, apprenant que Samat avait tué un de ces reptiles à quelques kilomètres de leur village, ont envoyé leurs esclaves enterrer son corps.

[1] Chapelier. 1803, *Bulletin de l'Académie Malgache*. 1095-1906. p. 28.

Beaucoup de Malgaches, surtout dans le Sud-Est, croient que les crocodiles sont les exécuteurs des hautes œuvres de Dieu, qu'ils n'attaqueraient jamais un homme ou une femme innocents: aussi en est-il qui, avant de s'aventurer à traverser une rivière, leur adressent un discours, jurant qu'ils n'ont rien à se reprocher. Jusque tout récemment, sur toute la côte Sud-Est, on s'en remettait à eux pour découvrir les criminels; cette ordalie consistait à faire passer à la nage à tout individu accusé d'un crime une rivière où pullulent ces animaux qui prononcent le jugement de Dieu en le dévorant ou en le laissant atteindre sain et sauf la rive opposée[1].

Il y a certains objets que, pour rien au monde, les membres de certains clans ne jetteraient dans les rivières, ou certaines paroles qu'ils n'oseraient prononcer, ou certains gestes, comme de brandir une sagaye au-dessus de l'eau par exemple, qu'ils se garderaient bien de faire, parce que, ce faisant, ils croiraient provoquer, indisposer contre eux les crocodiles qui y habitent et en être tôt ou tard punis. Les Antambahoakä croient même que les sorciers et les sorcières entretiennent un commerce charnel avec certains crocodiles femelles ou certains crocodiles mâles et les font coopérer à leurs sortilèges; encore tout récemment, en 1892, deux vieillards ont failli être condamnés à mort par leur clan sous l'inculpation d'avoir fait manger une femme par un de ces reptiles.

Les Malgaches renferment certains de leurs *odÿ* ou charmes dans des dents de crocodiles dont ils aiment à se parer et qu'ils appellent *moharä*, et les *sampÿ* ou talismans des Merinä (que les missionnaires ont appelés à tort « idoles ») étaient souvent formés d'une ou de plusieurs de ces dents ou de leurs imitations en argent[2]. C'est aussi dans une dent de crocodile qu'on renferme les *jinÿ* ou reliques des rois Sakalavä (qui se composent d'une vertèbre cervicale, d'un ongle et d'une mèche de cheveux), reliques sacrées dont la possession confère le droit à la royauté. Dans le Fiherenanä (ou province de Saint-Augustin), pour se procurer cette dent, on attire les crocodiles dans un bras étroit de l'Onilahÿ en y jetant les intestins d'un bœuf sacrifié dans ce but, et on en ferme les issues, puis on choisit le plus

---

[1] Hickett, *Chr. London Miss. Soc.*, 1887, p. 352; A. Grandidier, *L'origine des Malgaches*, 1901, p. 56, note 3, etc.

[2] Ellis, *History of Madagascar*, t. II, 1838, p. 472 et 477 (fig.), etc.

beau que l'on ligote et qu'on hale à terre, et on introduit entre ses mâchoires, à l'endroit de la plus grosse dent, une patate brûlante; au bout d'un quart d'heure, la dent peut facilement être arrachée et l'on relâche l'animal. Les crocodiles qui vivent aux environs de ce bras et qui sont des *Mambă* (*Crocodilus robustus*) sont sacrés[1]. Les grosses dents de crocodiles qui ont de 5o à 6o millimètres de circonférence[2] au collet, et que les Sakalavă emploient comme récipients de leurs gris-gris ou talismans et qu'ils ornent de perles de verre, sont des dents de *Mambă*.

Quelques Malgaches sont arrivés à apprivoiser certains crocodiles, grâce, prétendent-ils, à de puissants *odÿ* ou charmes : ce sont des *tomponbony* ou maîtres des crocodiles; quand ils les appellent, ces reptiles viennent à leur voix et se régalent de la nourriture qu'ils leur apportent. Chez les Antanosÿ émigrés, en 1865, il y en avait dans le Taheză, affluent Nord du Saint-Augustin, un dont le corps, prétendait un de ces Antanosÿ, incarnait l'âme de son enfant mort récemment : ce père l'appelait et, à son appel, il sortait de l'eau et se traînait jusqu'à ses pieds. Zaomanerÿ et les autres rois de cette région sont venus le voir et ont fait tuer des bœufs en son honneur. Quand il y avait du monde, l'animal hésitait à avancer, mais, sur l'assurance que c'étaient des amis, il venait. C'était un jeune crocodile qui, après deux ou trois années, a disparu.

Le *Crocodilus robustus* ne se trouve plus guère aujourd'hui que dans l'intérieur de l'île, sur le haut plateau, principalement dans les lacs d'Itasÿ (dans l'Imerină) et d'Alaotră (dans l'Antsihanakă) et dans les marais avoisinants, ainsi quelquefois que dans le haut Ikopă et dans le haut Matsiatră (dans le Betsileo) où il vit en compagnie de son congénère le *Crocodilus madagascariensis* qui habite toute l'île. Cependant les deux espèces *C. madagascariensis* (*Voay*) et *C. robustus* (*Mambă* ou *Voaimambă*) se trouvent encore réunies sur la côte Sud-Ouest où il y eut jadis tant de lacs et où il y en a encore. Les *Mambă* abondent dans le grand lac d'Iotrÿ, qui est à une trentaine de kilomètres au sud du bras méri-

---

[1] A. Grandidier, *Bull. Soc. Géogr. Paris,* avril 1872, p. 4o2.

[2] La quatrième dent de la mâchoire inférieure du *Crocodilus robustus* qu'à rapporté du lac Alaotră le Prince Henri d'Orléans mesure au collet 52 mm. Celle des plus gros *Cr. madagascariensis* est notablement plus petite.

dional du Mangokă, le Kitombŏ; il y en a aussi dans les petits lacs de
Ranomay et de Iotrỹ qui sont situés sur le bord de la rivière Onilahỹ ou
Saint-Augustin, à une cinquantaine de kilomètres à l'est de Tuléar,
dans les lagunes d'Andohatangă, au nord de cette même ville, etc. Ces
Mambă quittent souvent les lacs et vont se promener dans les rivières
voisines, l'Onilahỹ, le Fiherenană, etc., mais ils y sont relativement rares,
tandis qu'au contraire les *Voay* y pullulent[1]. Les Sakalavă prétendent
que, si l'on ne voit pas beaucoup de *Mambă* dans les rivières, c'est qu'ils
vivent dans des chambres souterraines d'où ils sortent peu (!); ils disent
qu'il y a souvent dans leur estomac de nombreux petits *Voay*. A. Grandidier en a trouvé, un peu au nord de la baie de Saint-Augustin, dans
la mare d'Ambolisatră, des ossements subfossiles, mêlés à ceux d'Epy-
ornis, d'Hippopotames, de Megaladapis et d'autres animaux disparus[2].

Les Merină ou habitants du Plateau central décernent aux *Crocodilus
robustus* le nom de *Voay herană* [litt. : crocodiles des joncs (des marais)]
ou simplement de *Voay*, nom qui, dans le reste de l'île, désigne les
Crocodilus madagascariensis, et ils donnent à ceux-ci le nom de *Mambă*[3].
Au contraire, les Antifiherenană donnent ce nom de *Mambă* aux *C. robustus*, qui, prétendent-ils, sont de très vieux *Voay*(!).

La taille du *C. robustus* atteint jusqu'à 6 mètres et plus; M. Humblot en
a tué dans le lac d'Alaotră un qui avait cette longueur et le R.P. Camboué
en a pêché dans le sud-est de ce même lac, auprès d'Andribă, un qui me-
surait 4 mètres et demi. Tout comme son congénère malgache, il aime
à se lester l'estomac avec des pierres; M. Humblot n'en a pas retiré moins
de 30 livres de l'individu qu'il a donné au Muséum d'histoire naturelle.

Souvent dans l'Alaotră, sur les petits îlots rocheux qui émergent à
peine de l'eau, on voit ces crocodiles se disputer la place pour se chauffer
au soleil. Ils sont très redoutés des Merină et des Sihanakă : ceux-ci ont
même peur de passer certains affluents de ce lac, à moins d'être en
nombre, craignant que leurs pirogues ne soient renversées par eux.

[1] D'après les observations personnelles
de A. et G. Grandidier, confirmées par M. Le
Barbier (*Bull. économ. de Madagascar*, 1908,
p. 34), et par l'enquête que M. l'adminis-
trateur G. Julien a faite tout récemment à
notre demande.

[2] *Compt. rend. Ac. Sc.* du 14 déc. 1868.

[3] Voir à ce sujet la note 2 de la p. 14.

ORDRE DES CHÉLONIENS
(TORTUES).

Les Chéloniens ou Tortues se rencontrent en abondance dans certaines régions de Madagascar. Voici la liste des espèces de cet ordre de Reptiles qui y existent :

SOUS-ORDRE. — CRASPEDOTA.
Tribu. — EUCHELONINA.

Sous-Tribu. — CRYPTODERINEA.

Famille. — *Testudinidae.*

1. *Testudo radiata* Shaw.
2. *Testudo hyniphora* Vaillant.
3. *Testudo planicauda* Grandidier.
4. *Pyxis arachnoides* Bell.

Sous-Tribu. — PHANERODERINEA.

Famille. — *Chelonidae.*

5. *Chelonia mydas* Linné.
6. *Chelonia imbricata* Linné.

Famille. — *Sphargidae.*

7. *Thalassochelys caretta* Linné.
8. *Dermochelys coriacea* Linné.

Tribu. — CHELADINA.

Sous-Tribu. — PLEURODERINEA.

Famille. — *Pelomedusidae.*

9. *Pelomedusa galeata* Schœpff.

10. *Sternothærus castaneus* Gray.
11. *Sternothærus subniger* Bonnaterre.
12. *Erymnochelys madagascariensis* Grandidier.

De cette liste est supprimé le *Testudo angulata* Schweigger, généralement cité comme originaire de Madagascar sur l'autorité de Duméril et Bibron qui rapportent à cette espèce une tortue venant, disent-ils, de Quoy et Gaimard, mais plus vraisemblablement du second seul, le premier n'ayant pas été à Madagascar tandis que Gaimard, après son séjour de convalescence à l'île Bourbon, a certainement touché à l'île de Sainte-Marie[1]; cette tortue. qui est conservée au Muséum dans l'alcool, a été mal déterminée; en réalité, c'est une jeune femelle du *Testudo hyniphora* dont il sera question quand nous nous occuperons de cette espèce.

[1] Voir l'*Histoire de la Géographie de Madagascar* de A. GRANDIDIER. p. 208, et, dans cette *Histoire des Reptiles*. la note 1 de la page 64.

Deux autres *Testudo* se trouvent sur la liste des Tortues de Madagascar que donne M. Bœttger : *T. pardalis* Bell et *T. desertorum* Grandidier. M. Pollen est le seul naturaliste qui cite la première de ces espèces. mais, personne autre ne l'ayant trouvée à Madagascar, sa présence en tant qu'espèce autochtone de cette île est plus que douteuse. Quant à la seconde, dont le Muséum possède l'exemplaire type, c'est une variété du *Testudo radiata* Shaw.

Dans son travail de 1863, l'*Énumération des animaux vertébrés de Madagascar*, qui est du reste une simple compilation faite en vue du voyage qu'il allait entreprendre, Pollen cite encore, d'après Duméril et Bibron, l'*Homopus areolatus* comme originaire de Madagascar. Les auteurs de l'*Erpétologie générale* (t. II, p. 151) assurent en effet que plusieurs exemplaires de cette espèce ont été rapportés par Quoy et Gaimard; il est difficile aujourd'hui de vérifier sur quelles bases repose cette affirmation, car le catalogue systématique qui est conservé dans les archives du laboratoire d'herpétologie du Muséum de Paris n'en porte aucune trace et tous les exemplaires de cette espèce, qui est certainement l'une des mieux caractérisées du groupe, sont marquées comme venant du Cap de Bonne-Espérance, ce que confirme le *Catalogue méthodique de la Collection des Reptiles du Muséum d'Histoire naturelle de Paris* publié en 1851 par C. et A. Duméril (p. 6) et où cette seule provenance est donnée. C'est d'ailleurs l'opinion généralement adoptée aujourd'hui, et M. Bœttger l'a supprimé dans son énumération des Chéloniens de Madagascar.

Le *Sternothœrus niger* Duméril et Bibron n'est pas non plus une espèce malgache. Ces auteurs ont supposé qu'il était de Madagascar, uniquement parce que les deux autres espèces alors connues de ce genre, le *S. nigricans* Lacépède et le *S. castaneus* Schweigger, sont de cette île; cette supposition toute hypothétique est d'ailleurs accompagnée de réserves formelles: ils conviennent en effet qu'ils ignorent de quel lieu provient l'exemplaire qu'ils ont décrit et qui était alors unique. On sait aujourd'hui que ce Sternothère est de la région éthiopienne, dans laquelle se trouvent plusieurs autres espèces de ce même genre, et qu'il habite plus particulièrement les régions occidentales du continent africain.

4.

En somme, le groupe des Chéloniens est représenté à Madagascar par douze espèces, appartenant à quatre familles du sous-ordre des *Craspedota*, dont trois de la tribu des *Euchelonina* : *Testudinidæ*, 2 genres et 4 espèces; *Chelonidæ*, 1 genre et 2 espèces; *Sphargidæ*, 2 genres et 2 espèces, et une de la tribu des *Chelydina* : *Pelomedusidæ*, 3 genres et 4 espèces.

Il est remarquable que l'autre sous-ordre. celui des *Mecraspedota*, qui comprend la seule famille des *Trionychidæ*[1], ne soit pas représenté à Madagascar. ces Chéloniens potamophiles abondant dans tous les fleuves de l'Afrique et des Indes, c'est-à-dire des régions avec lesquelles la faune de cette île a de grands rapports. et on ne s'explique pas pourquoi ils y font défaut; d'ailleurs, le même fait se représente pour les *Agamidæ* et les *Varanidæ*, familles également importantes au point de vue de la répartition géographique des Reptiles dans ces régions[2].

Sans nous appesantir davantage sur les généralités relatives aux Chéloniens, nous donnerons le tableau synoptique suivant pour faciliter la détermination des genres de cet ordre de Reptiles actuellement connus de Madagascar :

CHÉLONIENS DE MADAGASCAR.

TABLEAU SYNOPTIQUE DES GENRES.

Cou :

- rétractile en S, dans le plan vertical. (CRYPTODERINEA) Plastron :
  - d'une seule pièce. . . . . I.   Testudo Linné.
  - à battant antérieur mobile. . . . . II.   Pyxis Bell.
- pas ou peu rétractile. (PHANERODERINEA) Carapace recouverte :
  - d'écailles cornées au nombre, sur le disque, de 13. . III.   Chelonia Brongniart.
  - 15. . IV.   Thalassochelys Fitzinger.
  - d'une peau molle. . . . . V.   Dermochelys Blainville.
- rétractile dans le plan horizontal. (PLEURODERINEA) Voûte temporale :
  - membraneuse. Plastron :
    - d'une seule pièce . . . . . VI.   Pelomedusa Wagler.
    - à battant antérieur mobile. . . . . VII.   Sternotherus Bell.
  - osseuse. VIII.   Erymnochelys Baur.

[1] Madagascar a été de nos jours tellement parcouru en tous sens qu'on peut probablement regarder cette absence, aussi bien que celle des Varans, comme absolue.

[2] Mocquard, Synopsis des Reptiles écailleux et des Batraciens de Madagascar, *Nouvelles Archives du Muséum d'Histoire naturelle*. 5ᵉ série. t. I, 1909, p. 76.

SOUS-TRIBU : CRYPTODERINEA
(CHERSITES).
GENRE TESTUDO Linné.

Le genre Testudo, qui est attribué avec toute justice à Linné par les
zoologistes actuels, est cependant, comme on le sait, compris tout diffé-
remment depuis les travaux de Brongniart, car, dans la dixième édition
de son *Systema naturæ* (1758), Linné réunissait dans ce groupe tous les
Chéloniens connus de son temps, et il en énumère onze, dont trois seulement rentrent dans le genre tel qu'il est fixé aujourd'hui.

Il est inutile d'insister davantage sur la caractéristique de ces Chéloniens, types des Tortues terrestres (Chersites de Duméril et Bibron); la
disposition de leur carapace est en général convexe, élevée, et leurs
membres, dont les doigts n'ont aucune mobilité (Tylopodes de Wagler),
sont constitués pour la marche. Ce sont des animaux terrestres, dont le
régime est le plus souvent végétarien. Il y en a trois espèces à Madagascar, que le tableau synoptique suivant permet de déterminer [a] :

TESTUDO DE MADAGASCAR.

Dos- sière :	régulièrement convexe. Tête	avec deux grandes plaques préfontales. Plastron :	échancré antérieurement; plaque gulaire double. . 1. T. radiata Shaw [1].
			prolongé antérieurement; plaques gulaires soudées 2. T. hypniphora Vaillant.
	aplatie sur la largeur des plaques vertébrales . . . . 3. T. planicauda Grandidier.		

[1] Duméril et Bibron (*Erpétologie générale*,
1835, p. 65) donnent, comme se trouvant
à Madagascar, le *Testudo geometrica* Linné [b],
qu'auraient, d'après eux, rapporté de cette

[a] Il y avait autrefois à Madagascar des tortues de terre gigantesques [Testudo Grandidieri Vaillant, C^tes
Rend. Ac. Sc., 23 mars 1885, p. 875, et *Bull. Mus. Hist. Nat.*, mars 1895, p. 91-92 : Boulenger, *Trans.
Zool. Soc. London*, avril 1894, p. 305-311 et pl. XXXIX-XLI, et T. abrupta Grandidier, *Compt. rendus Ac.
Sciences*, 14 déc. 1868, p. 1165, et 23 mars 1885, p. 875, et *Ann. Sc. natur., Zool.*, 1868, p. 375, et
Vaillant. *Bull. Mus. Hist. natur.*, mars 1895, p. 92]; ces tortues, qu'on trouve à l'état subfossile, surtout
dans la région occidentale où A. Grandidier les a découvertes, ont disparu depuis longtemps, ayant été plus
vite exterminées dans cette grande île, qui est peuplée d'ancienne date, que dans les petites îles voisines, qui
sont restées si longtemps désertes et dont quelques-unes le sont encore, îles Bourbon, Maurice et Rodrigue,
îles Seychelles [dont seize étaient encore habitées par de grandes tortues en 1787 (Natarois, in *Rev. hist. et
litt. de Maurice*, 1er mars 1893, p. 24)], îles Amirantes, îles Alphonse, d'Aldabra, de la Providence et Astove.
Ces Testudo Grandidieri et T. abrupta seront étudiées dans la partie paléontologique.
[b] Cette charmante espèce (*Testudo geometrica* Linné, 1758, p. 199; Pollen, Enum. Vert. Madag., *Nederl.
Tijdschr. Dierkunde*, 1863, p. 331; Strauch, *Mém. Acad. S'-Pétersbourg*, 1864, p. 19: Boulenger, *Catal.
Chelon.*, 1889, p. 162), qui n'atteint jamais une grande taille, appartient au groupe assez nombreux des

TESTUDO RADIATA Shaw.

(Pl. 6-7 et 8-9.)

La Belle Tortue terrestre de Fort-Dauphin Commerson et De Jossigny, *Bibl. du Muséum d'His. Nat.* : dessin inédit de De Jossigny avec la description en latin de la main de Commerson, 1770 (cité dans le *Bull. Mus. d'Hist. Natur.*, mars 1898, p. 134).

Testudo radiata Shaw, *General Zoology*, t. III. 1802, p. 22, pl. II.

Testudo radiata Duméril et Bibron. *Erpétologie générale*, t. II. 1833, p. 83.

Testudo radiata Bell, *Monographia Testudinorum*, 1836, partie VI, pl. 1-2.

Testudo radiata Duvernoy, *Le règne animal de Cuvier illustré : Reptiles*. 1849. pl. 2-3.

Testudo desertorum Grandidier (var. du T. radiata), *Rev. et Mag. Zool.*, 1869, p. 258.

Testudo radiata Vaillant, Sur les altérations pathologiques du plastron d'un « Testudo radiata », *Bull. Soc. Philom.*, 10 févr. 1877, p. 38, et Sur les variations observées sur le crâne des « T. radiata », *Bull. Mus. Hist. Natur.*. 1905, p. 219-220 (fig.).

Testudo radiata Peters, *Reise nach Mossambique*, Zoologie, III, Amphibien, 1882. p. 3.

Testudo radiata Boulenger, *Catalogue of the Chelonians... in British Museum*, 1889, p. 166.

Testudo radiata Siebenrock, Schildkröten vonMadagaskar und Aldabra, *Abhandl. Senckenb. Naturf. Gesellsch.*. t. XXVII, 1903, p. 247-249.

Cette tortue est remarquable par sa forme bombée, à dossière presque sphérique; le plastron est très sensiblement concave chez le mâle, avec une saillie transversale, courbe, en forme de rectangle, plus ou moins régulière, bordant en arrière l'échancrure de l'extrémité sternale postérieure, et occupant presque toute l'étendue des plaques anales; chez la femelle, la concavité manque ou est à peine sensible; ce plastron présente en avant un prolongement obtus formé par les deux écailles gulaires. saillie qui porte d'ordinaire une échancrure extérieure en angle large-

île Delalande et Quoy et Gaimard. On ne l'y a jamais retrouvé, et il ne nous semble pas douteux qu'il doit être supprimé de la liste des animaux autochtones de Madagascar.

Tortues qu'on peut désigner sous le nom de *Tortues radiées*, qui, sur un fond noir, ont des taches jaunes occupant le centre ou l'umbo, l'aréole de chaque écaille, d'où partent des lignes également jaunes, rayonnantes, plus ou moins larges et plus ou moins nombreuses suivant les espèces, figurant des triangles, des polyèdres, etc. D'après Duméril et Bibron, elle se trouve au Cap de Bonne-Espérance et à Madagascar, d'où, affirment-ils, l'ont rapportée Delalande et Quoy et Gaimard: mais, dans le *Catalogue* publié après l'*Erpétologie générale* (1851. p. 3), l'individu rapporté par le premier de ces voyageurs est indiqué comme venant du Cap; quant aux deux individus marqués comme provenant de Madagascar, l'un, qui est dans l'alcool, porte bien l'indication "Quoy et Gaimard» et l'autre, qui est desséché, a été donné par L. Kiener. Comment ce dernier s'était-il procuré ce spécimen, car il n'a pas, que l'on sache, été à Madagascar, c'est ce que nous ignorons; quant à Gaimard, il a abordé à Madagascar (voir plus loin la note 1, p. 64), mais les exemplaires qu'il en a rapportés n'ont pas été récoltés par lui, en sorte que leur provenance est loin d'être certaine.

Une autre espèce de ces Tortues radiées, qui est si voisine du *Testudo geometrica* qu'elle a parfois été confondue avec elle, le *Testudo elegans* Schœpff (= *T. actinodes* Bell), a été citée comme habitant Madagascar, mais Pollen (Enum. Vert. Madag., *Nederl. Tijdsch. Dierkunde*, 1863. p. 332, note) a dit que «c'était certainement par erreur», le *T. elegans* ne se rencontrant qu'aux Indes orientales, et c'est ce qu'admettent aujourd'hui tous les herpétologistes.

ment ouvert; les deux écailles gulaires sont nettement distinctes, avec un sillon inférieur et un sillon supérieur, et se séparent par la macération. La tête est couverte d'écailles polygonales d'une certaine dimension dont les deux fronto-nasales, quadrilatérales, sont d'une dimension remarquable et garnissent tout l'espace interorbitaire antérieur qu'ils arrêtent brusquement à une certaine distance des narines, laissant entre elles et le bec maxillaire un espace membraneux dans lequel sont percés les orifices nasaux. L'écaillure des pattes antérieures n'est pas forte : elle est constituée par des écailles polygonales, la plupart petites ou de taille moyenne, dont quelques-unes notablement plus grandes sont disséminées çà et là sauf sur le bord externe de l'avant-bras où elles sont contiguës, présentant en ce point un revêtement protecteur plus fort que sur le reste du membre.

La coloration et le dessin ornemental de cette espèce sont très caractéristiques, mais présentent, suivant les circonstances parmi lesquelles l'âge joue le rôle prépondérant, certaines variations dont les figures que nous reproduisons donnent une idée exacte. Chez les individus très jeunes[1], dont la longueur nucho-caudale courbe ne dépasse pas 10 à 13 centimètres (l'individu figuré n'atteint que 96 millimètres), les aréoles sont proportionnellement énormes sur les écailles du disque de la dossière, aussi bien que sur les écailles marginales, et sont d'un jaune indien, plus ou moins rabattu de brun, ce qui semble dû à ce que leur surface grenue produit des ombres. La partie périphérique des écailles est d'un brun noir intense, coupé par des rayons plus ou moins larges, d'un jaune plus brillant que celui de l'aréole et qui s'étendent de celle-ci au bord libre de l'écaille, mais sur une faible longueur, par suite de l'étroitesse de cette partie périphérique de l'écaille. Cette description concerne surtout les écailles du limbe, mais cependant peut également s'appliquer aux écailles marginales en tenant compte des différences qui résultent de la position postéro-inférieure du point du foyer d'accroissement. On retrouve sur le plastron de ce même individu qui paraît être une femelle[2], les mêmes teintes jaune et brune qui se

_____

[1] Pl. 8-9, fig. 2 et 2ᵃ. — [2] Pl. 8-9, fig. 2ᵇ.

trouvent sur la dossière, mais le dessin est beaucoup plus simple et moins arrêté ; le jaune occupe la partie antérieure, couvrant les deux plaques gulaires et presque entièrement les plaques humérales, sauf un espace demi-circulaire à leur bord postérieur, où apparaît une teinte brune plus légère qui se prolonge sur le reste du plastron et couvre les plaques pectorales, abdominales et fémorales, la teinte jaune ne réapparaissant en réalité que sur la moitié postérieure des anales. Toutefois, sur les plaques abdominales, deux triangles, qui ont la ligne médio-ventrale de séparation des deux plaques pour base commune et leur sommet dirigé en dehors, forment une tache losangique moins foncée où se devine la teinte jaune fondamentale. Il faut ajouter que çà et là, sur toute la longueur de la ligne médio-plastrale, se voient des lignes brunes sur fond jaune donnant une apparence rayonnée analogue à celle du limbe circumaréolaire des grandes plaques écailleuses de la dossière.

Un autre exemplaire, d'âge moyen, qui a revêtu la livrée typique de l'adulte[1], montre une disposition plus nette, conforme à celle figurée par Shaw[2], par Daudin[3] et plus récemment par Sowerby et Loar dans leur remarquable atlas[4]. Les aréoles sur les écailles du disque, qui sont un peu plus développées sur cet individu que sur l'exemplaire type précédent, ont conservé la teinte jaune indien, plus brillante encore peut-être parce qu'elles sont lisses et comme polies ; le reste de chaque écaille a comme teinte fondamentale un brun noir intense plus ou moins coupé par des traits rayonnants du même jaune que l'aréole : ces rayons, comme l'ont fait remarquer depuis longtemps les divers auteurs et surtout Duméril et Bibron[5], dont la description est très exacte, sont variables dans leur nombre suivant l'écaille que l'on considère et suivant les individus.

Sur le disque de la dossière, les treize grandes écailles qui la recouvrent sont assez régulièrement polygonales, la plupart ayant six côtés ; en joignant les angles de l'aréole aux angles externes antérieurs et postérieurs, on peut la partager en quatre espaces ou champs, un antérieur, un postérieur et deux latéraux, ce qui facilite l'étude de la

[1] Pl. 8-9. fig. 1. — [2] Shaw, 1802, pl. II. — [3] Daudin, an xiii, pl. XXVI. — [4] Sowerby et Loar. 1872, pl. VII et VIII. — [5] Duméril et Bibron, 1835, p. 87.

disposition des lignes rayonnantes. Sur les plaques vertébrales. elles sont
plus nombreuses que sur les plaques costales. sauf sur la première où
l'on n'en compte que cinq qui rayonnent de trois des angles de
l'aréole. Sur la seconde de ces lignes rayonnantes, on n'en trouve pas
moins de seize ou dix-sept, sans compter que plusieurs se bifurquent
avant d'atteindre le bord de l'écaille : elles sont surtout nombreuses
dans les champs latéraux où l'on en compte cinq ou six en y comprenant
celles qui limitent le champ en se rendant aux angles antérieurs et postérieurs de l'hexagone; dans les champs antérieur et postérieur, il n'y
en a par suite que deux ou trois placés sur chacun d'eux aux bords externes, en sorte que la partie centrale est occupée par un espace trapézoïde d'un brun noir foncé. La troisième et la quatrième écailles verticales
sont comparables à la précédente. si ce n'est que. sur la dernière.
l'espace trapézoïde postérieur est également occupé par des rayons
jaunes. Quant à la cinquième, ce sont au contraire les champs latéraux
qui manquent de stries rayonnantes. lesquelles sont d'ailleurs peu
nombreuses, quatre en avant, disposées assez régulièrement en éventail.
autant en arrière. mais rapprochées de la limite avec le champ latéral.
Il est à noter que. sur ces écailles vertébrales. les lignes rayonnantes se
répandent généralement sur la ligne de contact, en sorte qu'il en résulte une disposition en zigzag assez élégante. Pour les quatre plaques
costales[1], nous retrouvons la même disposition fondamentale : la première, qui est irrégulièrement pentagonale. a six, quelquefois sept
rayons, quelques-uns ayant tendance à se bifurquer vers leur terminai-
son; la seconde en a neuf. exclusivement placés sur les champs latéraux,
quatre sur le champ supérieur ou interne, cinq sur le champ inférieur
ou externe; la disposition est la même pour la quatrième écaille, si ce
n'est que le nombre des rayons supérieurs est réduit à trois et qu'il
n'y en a en tout que huit; la dernière plaque costale étant moins régulièrement polygonale que les deux précédentes, le dessin y est peut-être
un peu moins net. cependant on peut y reconnaître deux rayons supé-

[1] Pl. 8-9. fig. 1 et 1².

IMPRIMERIE NATIONALE.

rieurs. dont l'un est profondément bifide, et quatre inférieurs qui partent par paire des angles inférieurs de l'aréole.

La région lombaire, formée par les plaques épidermiques marginales. offre une disposition analogue à celle que nous venons de décrire pour les plaques épidermiques du disque, les deux teintes jaune et brun foncé décorant également cette région, mais le brun y prend plus d'importance. L'aréole étant placée immédiatement sur la carène qui limite la dossière et le plastron, les écailles marginales étant allongées dans le sens transversal et beaucoup plus développées au-dessus de la carène dorso-plastrale qu'au-dessous, il n'y a en quelque sorte qu'une demi-écaille formée d'un champ latéral et de deux demi-champs antérieur et postérieur, la moitié de l'écaille vers le plastron étant sinon absente, au moins très réduite. Le demi-champ antérieur et le demi-champ postérieur sont, pour les écailles costales, uniformément d'un brun foncé; le champ latéral restant est parcouru par des rayons jaunes. si développés et si élargis que ce sont eux qui donnent la teinte fondamentale. Les demi-champs latéraux de deux écailles consécutives, s'unissant, donnent par leur ensemble une figure triangulaire sombre qui orne très élégamment cette région marginale, figure à laquelle on peut donner le nom de flèches[1], par allusion au dessin analogue que forment les parties ainsi désignées sur la table d'un jeu de tric-trac. Dans les intervalles jaunes, entre ces flèches, se voient des rayons noirs en nombre variable suivant le point que l'on considère; au milieu de la série. vers la partie moyenne du corps, ils sont plus nombreux, on peut en compter jusqu'à quatre; ils le sont moins en se rapprochant soit de la partie antérieure, soit de l'extrémité postérieure. où il n'y en a plus en effet qu'un seul par espace.

Sur le plastron[2]. la disposition des teintes a une grande analogie avec ce que nous avons vu sur le premier des jeunes individus pris pour type, mais avec un dessin beaucoup plus nettement délimité. Il y a un premier espace médian gulo-huméral rhomboïdal, entièrement jaune,

[1] Cette disposition est particulièrement bien visible sur la fig. 1 de la planche 8-9. —
[2] Pl. 8-9. fig. 1ᵃ.

puis un espace semblable abdominal de même forme et, en avant de celui-ci, sur la partie interne des plaques pectorales ainsi qu'en arrière sur la partie postéro-interne des plaques fémorales, des espaces de la même couleur formant, le premier, une sorte de fuseau étroit transversal, le second, une figure anguleuse à sommet antérieur tronqué; tous ces espaces sont d'un beau jaune avec, çà et là, quelques lignes rayonnantes d'un brun noir, laquelle teinte occupe le reste du plastron, tout en laissant la teinte jaune apparaître sur certains points sous forme de lignes diversement disposées, mais assez symétriquement puisqu'elles se répètent au côté droit comme au côté gauche. On retrouve en somme un dessin rappelant, d'une manière moins régulière, la disposition qu'a décrite Daudin et qu'il a reproduite sur la figure 2 de sa planche XXVI.

Enfin, chez les individus de grande taille[1], le dessin rayonné se simplifie beaucoup : sur les écailles du disque où les côtes concentriques disparaissent plus ou moins, le foyer est moins bien limité et a une teinte d'un jaune très foncé brillant tendant vers le roussâtre; la bordure noire des plaques vertébrales a des rayons de cette même teinte; il en est de même pour les plaques costales, mais les rayons clairs n'existent pas sur leurs champs antérieur et postérieur, et la teinte noire, qui a une forme triangulaire, figure d'une écaille à l'autre des flèches dont la pointe inférieure tombe dans l'intervalle des flèches ascendantes marginales. Sur d'autres individus, particulièrement sur l'un de ceux qui ont vécu à la ménagerie où il est mort en 1900, la teinte jaune est en quelque sorte générale, sauf une bordure de 10 à 20 millimètres sur les quatre premières plaques vertébrales, incomplète sur la cinquième, quatre flèches descendantes marquant les sutures des plaques costales et, sur les bords inférieurs de ces dernières, quelques taches noires rappelant sur la première et la quatrième la disposition rayonnante typique; sur le limbe marginal, on ne distingue nettement que les flèches ascendantes. Quant au plastron, sur l'un et l'autre individu qui sont tous les deux des mâles, il est tout jaune avec des maculatures noires à la partie externe de toutes les sutures

[1] Pl. 8-9, fig. 1.

transversales des plaques, sauf à la suture gulo-humérale. Un changement
d'aspect aussi profond pouvait tromper les naturalistes lorsqu'ils n'avaient
pas sous les yeux une série complète de ces animaux dont la livrée est
si variée, d'autant qu'on en rencontre beaucoup d'autres qui n'ont pas
une taille moindre et qui cependant conservent d'une manière très apparente le dessin typique fondamental des spécimens d'âge moyen[1].
C'est ainsi que Alfred Grandidier a proposé de distinguer spécifiquement
les individus à coloration jaune sous le nom de *Testudo desertorum*.

Ces considérations sur les différences de livrée d'une espèce dans son
développement successif ainsi que dans ses variétés ont leur importance
au point de vue de l'étude générale des Chéloniens, aussi y avons-nous
insisté longuement, d'autant que la collection du Muséum de Paris se
prête d'une façon particulière à ces comparaisons. Voici la liste des spécimens qui sont inscrits au catalogue systématique de notre Muséum et
qui tous viennent de Madagascar :

Nº D'ORDRE DU CATALOGUE.	DÉSIGNATION.	ORIGINE.	SEXE.	CON-SERVATION.	LONGUEUR EN DESSUS.
					millim.
83	Testudo radiata Shaw............	?	✗	Monté.	96
84	Testudo radiata Shaw............	?	✗	*Idem.*	120
85	Testudo radiata Shaw............	?	✗	*Idem.*	130
86	Testudo radiata Shaw............	?	♀	*Idem.*	150
87	Testudo radiata Shaw............	Souvestre, 1846.	♀	*Idem.*	215
88	Testudo radiata Shaw............	?	♀	*Idem.*	260
89	Testudo radiata Shaw............	?	♀	*Idem.*	320
90	Testudo radiata Shaw............	?	♀	*Idem.*	320
91	Testudo radiata Shaw............	Souvestre.	♂	*Idem.*	440
92	Testudo radiata Shaw............	Ménagerie.	♀	*Idem.*	470
93	Testudo radiata Shaw............	Baron Milius.	♀	*Idem.*	505
94	Testudo radiata Shaw............	Vaillant, 1846.	♀	*Idem.*	480
95	Testudo radiata Shaw............	....	♀	*Idem.*	585
96	Testudo radiata Shaw (œufs)........				
85ᵇ	Testudo radiata Shaw (var. : deserto-rum Grandidier)...............	Grandidier, 1869.	♂	Carapace.	463

[1] C'est le cas de l'exemplaire que Duméril et Bibron ont étudié comme type
et dont les dimensions sont données dans
l'*Erpétologie générale*.

Le mâle de grande taille dont il a été question plus haut comme ayant une teinte jaune générale[1], et qui a vécu à la ménagerie jusqu'en mai 1900, n'est pas compris dans la liste ci-contre; sa longueur en dessus est de 530 millimètres.

Nous terminerons la description de cette intéressante espèce en donnant dans le tableau suivant les dimensions des carapaces des exemplaires sur lesquels nous avons particulièrement attiré l'attention, et qui sont spécifiés par les numéros du catalogue scientifique sous lesquels ils sont inscrits au Muséum, sauf celui qui n'étant pas encore en collection porte celui du mortuaire correspondant à sa sortie de la ménagerie (1900-48). Pour chaque individu, il y a une double colonne : la première donne la dimension en millimètres et la seconde le rapport de cette dimension à la hauteur prise dans chaque cas particulier comme unité. Bien que ces rapports, étant donné l'impossibilité d'avoir des mesures mathématiquement exactes sur de semblables sujets, ne puissent être présentés sans réserves, on verra cependant qu'ils ont entre eux une certaine homogénéité.

DIMENSIONS.	N° 83.		N° 87.		N° 85*.		1900-48.		N° 95.	
	DIMEN-SIONS.	RAP-PORTS.	DIMEN-SIONS.	RAP-PORTS.	DIMEN-SIONS.	RAP-PORTS.	DIMEN-SIONS.	RAP-PORTS.	DIMEN-SIONS.	RAP-PORTS.
	millim.		millim.		millim.		millim.		millim.	
Dossière : Longueur directe...	71	1.75	148	1.74	325	1.85	390	1.93	390	1.50
Longueur en dessus.	96	2.40	215	2.52	463	2.64	530	2.62	585	2.25
Hauteur.........	40	1.00	85	1.00	175	1.00	202	1.00	260	1.00
Plus grande largeur.	53	1.32	112	1.31	231	1.32	254	1.26	300	1.15
Plastron : longueur	62	1.55	127	1.49	272	1.55	350	1.73	380	1.46

La Tortue rayonnée est certainement, de tous les Chéloniens terrestres de Madagascar, l'espèce la plus importante, non seulement par sa taille et l'élégance de sa livrée, mais encore par son abondance[2].

[1] Voir p. 35.

[2] La Tortue rayonnée n'est authentiquement connue que de Madagascar; toutefois le Muséum possède un très jeune exemplaire, long en-dessus de 97 millimètres, dont la détermination ne semble

Elle habite la région australe de Madagascar, au sud de l'Onilahỹ, entre la baie de Saint-Augustin et la baie de Ranofotsỹ qui est à 15 milles E. de Fort-Dauphin, surtout dans la partie qui avoisine la mer, dans l'Androy et dans le Mahafalỹ, régions sèches et arides.

Son nom local est *Sakafỹ*[1] chez les Vezŏ ou Sakalavä du Sud-Est, *Kasafỹ* et *Kotrokä* chez les Mahafalỹ et les Antandroy; on les appelle aussi *Renikongŏ* [litt. : les mères des punaises, à cause de leur forme] ou *Angonokä*.

Pour les Antandroy comme pour les Mahafalỹ et même pour leurs voisins les Antifiherenanä, c'est un animal *fadỹ*, comme ils disent, ou taboué, immonde, dont ils ne mangent pas et même que beaucoup ne veulent pas toucher. Autrefois, un Européen qui eût tué et mangé une de ces tortues devant eux eût couru des dangers ou, du moins, se fût exposé à des *kabarỹ* ou palabres, procès interminables et coûteux : au cap Sainte-Marie, lorsque Alfred Grandidier y est allé en 1866 avec les capitaines Cavaro et Bellanger qui venaient pour la première fois trafiquer dans ce pays sauvage, le roi antandroy Tsifanihỹ a permis à ces capitaines de faire ramasser les *renikongŏ* qui y étaient fort abondants et de les emporter à leur bord, mais à la condition qu'ils n'en feraient pas passer devant lui et qu'ils ne les tueraient pas à terre. Leurs œufs sont également *fadỹ* pour les indigènes, qui cependant estiment fort ceux des tortues de mer.

La chair de ces tortues est excellente, savoureuse, et sinon les Malgaches, du moins les créoles des îles de la Réunion et de Maurice, ainsi que tous les Européens du reste, l'apprécient fort[2], d'autant que, leur graisse ne figeant pas, elle constitue un mets maigre excellent : elle vaut le

---

pas douteuse et qui aurait été rapporté de Nouméa (Nouvelle-Calédonie) par M. Germain, correspondant du Muséum; mais nous ignorons dans quelles conditions ce spécimen a été trouvé et, jusqu'à nouvel ordre, sa provenance doit être tenue pour douteuse.

[1] Le D᷎ Sigismond Wallace, qui est venu à Tuléar en 1844, parle des «Sakafo» ou grosses tortues du Sud de Madagascar.

[2] Drury écrit en 1710 que, dans l'Anterndroea [chez les Antandroy], il y a des tortues, mais il ne donne aucun détail à leur sujet, «car, dit-il, elles se retrouvent en d'autres pays» (*Drury's Journal*, 1807. p. 277, et *Coll. Ouvrages anciens concernant Madagascar*, publiée par A. et G. GRANDIDIER, t. IV, p. 254). Les premiers colons de Fort-Dauphin ont de suite apprécié la viande de tortue de terre; Carpeau du

meilleur bœuf. Aussi la Tortue rayonnée est-elle depuis longtemps un des
principaux objets de commerce du Sud de Madagascar. En 1818, le
traitant Arnoux écrivait à Sylvain Roux, agent du Gouvernement français
à Tamatave, que le principal trafic à Ranofotsy était celui des tortues de
terre « qui y sont d'une très bonne espèce », et dont on y pouvait traiter
de 5,000 à 6,000 par an au prix d'une brasse de toile (d'une valeur de
1 fr. 50 environ) les quatre, et le lieutenant de vaisseau Frappaz disait,
cette même année, qu'on en trafiquait un bon nombre à Fort-Dauphin.
Les ports principaux d'où l'on a exporté ces tortues depuis un demi-siècle
sont : Fort-Dauphin, Ranofotsy, Andrahomanană, le Cap Sainte-Marie
(depuis 1866), la baie des Masikoră, Itampolŏ et surtout Saint-Augustin
et Tuléar où l'on en apportait beaucoup, en même temps que de l'orseille,
du Sud et du Sud-Est, pour les vendre aux traitants établis dans ces
ports. Par suite de cette exportation, le nombre de ces Tortues a consi-
dérablement diminué et, n'était qu'elles sont *fady*, tabouées, pour les
habitants de l'Androy et du pays Mahafaly, elles auraient probablement
disparu, car la prise en est facile dans cette région découverte, quoique
cependant les massifs énormes de nopals qui la couvrent, et dont les
fruits ou figues de Barbarie constituent aujourd'hui leur principale nourriture[1], soient pour elles un repaire impénétrable. Déjà, en 1866, lorsque
Alfred Grandidier est venu pour la première fois à Saint-Augustin, elles
étaient plus rares, et les grands magasins qu'avaient fait construire à
Tuléar pour les parquer les trois traitants qui y trafiquaient, et où
l'on en empilait des milliers en attendant la venue des navires, ne se
remplissaient plus que difficilement : en 1888, il n'en est entré dans
l'île de la Réunion que 1,941, qui se sont vendues de 22 fr. 50 à
25 francs la douzaine, les plus grosses atteignant le prix de 5 francs.

Saussaye (*Voyage à Madagascar en 1663.*
p. 80) dit : « La tortue de terre de Madagascar est un animal fort laid, mais un
fort bon manger ; le foie est excellent et
l'huile est admirable pour fricasser toutes
sortes d'aliments et a en outre de mer-
veilleuses propriétés pour les douleurs ; nos
chirurgiens en ont fait souvent des épreuves
heureuses. »

[1] Avant l'introduction assez récente de
ces nopals, ces tortues devaient avoir quelque
peine à s'alimenter, n'ayant à manger
que de l'herbe, des arbrisseaux rabougris,
quelques fruits et certains tubercules.

TESTUDO HYNIPHORA [1] L. Vaillant.

(Pl. 11, 12, 13, 14 et 15.)

TESTUDO YNIPHORA L. Vaillant. *Bull. Soc. Philomath.*, 1884-1885, p. 118-120 ; *Comptes rendus Ac. Sciences*, 10 août 1885, p. 440-441 ; *Nouv. Arch. du Muséum d'Hist. Natur.*, 1889, p. 161-167 et pl. XII-XV ; *Comptes rendus sommaires de la Soc. Philomath.*, 9 nov. 1889, p. 5-6, et 11 mai 1895, p. 42.

TESTUDO YNIPHORA Siebenrock, Schildkröten von Madagaskar und Aldabra, *Abhandl. herausg. von der Senckenberg. Naturf. Gesellschaft*, t. XXVII, 1903, p. 249-252, pl. XXXV.

Cette Tortue a, comme le *Testudo radiata*, la carapace hémisphérique, mais un peu ovalaire par suite d'un léger rétrécissement antérieur ; la portion gulaire du plastron se prolonge en forme de langue et est recourbée vers le haut et allongée au point de dépasser sensiblement le limbe ; les plaques épidermiques du disque de la dossière sont striées concentriquement à l'aréole et ces stries sont bien visibles, même chez les individus de grande taille; les plaques gulaires, qui sont soudées au moins en dessous, s'enlèvent d'une seule pièce. Il y a cinq ongles aux pattes postérieures.

Cette Tortue, qu'au premier abord on pourrait prendre pour une simple variété de la précédente, en diffère cependant assez pour qu'on doive la regarder comme une espèce bien distincte. Le contour marginal de la carapace n'est pas un ovale assez voisin d'un cercle, mais une sorte d'ellipsoïde, car il est sensiblement rétréci en avant vers le niveau des commissures postérieures de l'orifice antérieur. Le système de coloration est très simple : sur les écailles du disque, l'aréole est d'un jaune paille quelque peu rembruni çà et là ; sur les secteurs, qui sont très nettement accusés par des sillons centrifuges, la teinte passe au roussâtre plus ou moins foncé ; enfin, le pourtour de chaque plaque, sur une largeur variable, mais généralement peu étendue, est d'un brun foncé, ce qui délimite avec précision le contour de chaque écaille. Sur le limbe, on voit la série des flèches ascendantes avec une netteté d'autant plus grande que les espaces

[1] « Il est nécessaire de modifier l'orthographe de l'épithète *yniphora* (ΰνις « soc », φορεῖν « porter »), que j'ai donnée, à cette espèce, lorsque je l'ai décrite dans le *Bull.* de la *Soc. philomathique*; en effet, dans le premier de ces mots, sur la voyelle initiale, se trouve un esprit rude, on doit donc écrire *hyniphora* » (L. Vaillant).

qui les séparent, et qui sont d'une teinte uniformément jaunâtre, ne présentent aucun accident de coloration.

Le plastron[1], moins concave que chez le *Testudo radiata* mâle, l'est cependant assez pour qu'on puisse croire que l'individu type est bien de ce sexe, ce qu'a confirmé l'examen d'un second individu de même taille que nous avons examiné en chair; les plaques anales ne sont pas renflées en bourrelet. Toutes les plaques, sauf l'anale, sont très sensiblement marquées de stries, moins accusées que celles de la région dorsale, ce qui est dû probablement à l'usure qui, chez tous ces animaux, se produit sur cette portion de la carapace, qui est toujours en contact avec le sol : c'est en effet sur les parties les plus saillantes que les stries sont d'ordinaire le plus difficiles à distinguer et même disparaissent complètement. La teinte générale est d'un jaune pâle sale, avec quelques tons brunâtres plus foncés qui sont visibles surtout à l'angle postéro-externe des plaques humérales, sur la suture pectoro-abdominale, à la partie externe, et sur la suture de l'inguinale avec l'abdominale et la fémorale. Il est à présumer que, sur des individus moins âgés, le dessin est plus arrêté.

Ayant eu à la ménagerie du Muséum un de ces Chéloniens vivants, nous avons pu examiner cet animal au point de vue anatomique et faire quelques remarques sur les appareils les plus importants de son organisme au point de vue taxinomique.

La série des vertèbres cervicales[2] confirme ce que nous en savions déjà d'après les autres espèces du genre Testudo. Il n'y a pas à insister sur la disposition des articulations des centrums, qui est la suivante : présence de deux centrums amphicyrtiens occupant le troisième et le huitième rang et disposition ginglymoïde des sixième et septième articulations, dans lesquelles, comme d'habitude, la surface articulaire, qui est étendue transversalement, présente deux têtes condyliennes, situées l'une à droite, l'autre à gauche, et répondant à deux cotyles symétriquement placées : cette conformation permet des mouvements étendus dans le sens de la flexion et de l'extension, tandis que les mouvements de latéralité sont au contraire

____

[1] Pl. 13. — [2] Pl. 14.

6

limités ou nuls. Toutes les autres articulations sont condyliennes, constituées par une tête simple, ordinairement hémisphérique, qui répond à
une cotyle de même forme en creux. De ces vertèbres, les deux premières,
en considérant comme un ensemble les quatre pièces qui forment l'atloodontoïde, sont opisthocœliennes; les trois intermédiaires (les 4e, 5e et 6e)
sont procœliennes; la septième est amphicyrtienne; le condyle postérieur
de la huitième est allongé transversalement, mais la régularité de la
courbure permet des mouvements de latéralité assez étendus, nécessaires
pour la motilité de l'ensemble du cou et par suite de la tête : cette dernière
disposition est assez habituelle, ce qui s'explique par les nécessités physiologiques.

L'appareil digestif, qui a été peu étudié jusqu'ici dans cet Ordre des
Reptiles, peut cependant fournir d'intéressantes notions pour sa classification, le régime variant suivant les espèces : certaines d'entre elles
sont herbivores, sinon exclusivement, au moins habituellement, et d'autres
sont carnivores. C'est à la première section qu'appartient le *Testudo hyniphora*, et l'étude anatomique confirme le fait. Le tube digestif, qui est
d'une grande simplicité, comme chez la plupart des Chéloniens, débute
par un œsophage court, très dilatable[1], auquel fait suite un estomac[2]
avec lequel il se confond au point qu'il est assez difficile d'en déterminer
la limite extérieurement; elle est mieux arrêtée intérieurement, la paroi
de l'œsophage étant lisse, médiocrement plissée, tandis que la muqueuse
stomacale est plus épaisse et offre de gros plis anfractueux. L'intestin
grêle qui le continue[3] commence par une portion duodénale assez régulièrement cylindrique, à parois épaisses; puis vient une portion qu'on
peut désigner sous le nom de jéjuno-iléale : cette portion, qui est plus
dilatable et dont la paroi est mince, débouche après un trajet assez long
dans une ampoule[4] qui est le commencement du gros intestin, mais
qui, par sa configuration spéciale et, sans doute, par sa destination
physiologique, mérite d'en être distingué et auquel on peut donner
le nom de *dilatation cœcale*. De cette dilatation part une dernière

[1] Pl. 15, A. — [2] Pl. 15, B. — [3] Pl. 15, C, C. — [4] Pl. 15, D'.

portion du tube digestif, le gros intestin[1], qui rappelle par son aspect la portion iléo-cœcale et qui aboutit dans le cloaque, comme il est ordinaire chez les Reptiles. C'est un intestin typique du régime végétal par la présence de la dilatation cœcale et par l'égalité de longueur de l'intestin grêle et du gros intestin : à la ménagerie, on nourrissait cet animal de salade, de potiron et d'autres aliments de la même sorte.

Avant de terminer l'étude du *Testudo hyniphora*, il est nécessaire de dire quelques mots d'un exemplaire curieux dont nous avons déjà parlé plus haut[2]. Comme le montre la figure que nous en donnons de grandeur naturelle [3]. la carapace est sensiblement plus allongée que chez le *Testudo radiata* Shaw; les plaques gulaires sont intimement soudées et forment un prolongement obtus à la partie antérieure du plastron, prolongement d'ailleurs élargi, linguiforme et aplati horizontalement; la coloration générale est d'un jaune franc, avec les écailles du disque limitées par une teinte brune foncée qui en fait ressortir les contours, et, au plastron, il y a un ensemble de taches brunes assez larges qui se rapprochent de la ligne médio-ventrale et qui sont particulièrement visibles sur les trois paires de plaques postérieures, abdominales, fémorales et anales. Cet exemplaire a été rapporté de Madagascar par Quoy et Gaimard, ou plutôt par Gaimard, lors du voyage de l'*Astrolabe*[4]; il a été examiné par Duméril et Bibron, qui le citent dans l'*Erpétologie générale* sous le nom de *Testudo angulata* Schweigger, évidemment à cause des plaques gulaires qui sont unies[5]. Toutefois, la taille déjà plus grande. la forme générale de la carapace et du plastron s'opposent à cette assimilation; c'est certainement avec le *Testudo hyniphora* qu'il a des affinités réelles. Comme on ne connaissait alors que les deux exemplaires mâles du Muséum, l'un de nous a cru que c'était un jeune individu femelle. car, quoique le prolongement antérieur du plastron de cet individu présentât un aspect

<hr>

[1] Pl. 15, D, D. — [2] Voir p. 27. Voir aussi, au sujet de cet exemplaire, Léon VAILLANT, *Comptes rendus somm. Soc. Philom.*, 1895, p. 42. — [3] Pl. 12. — [4] A l'article sur le *Sternothærus*, quelques détails sont donnés sur le séjour, on peut dire accidentel, de Gaimard à Madagascar (voir p. 64, note 1). — [5] *Erpétologie générale*, t. II, 1835, p. 134, et STRAUCH, *Mém. Acad. Saint-Pétersbourg*, 1864, p. 36.

spécial, étant proportionnellement plus large et moins long et étant aplati sans trace de courbure antéro-postérieure, ces différences pouvaient parfaitement s'expliquer par la différence de sexe. Cette conclusion. quoique paraissant fondée, ne peut plus être admise depuis que M. A. Voeltzkow a décrit un individu, reconnu anatomiquement du sexe féminin, qui est d'une taille quelque peu inférieure à l'individu rapporté par Gaimard et chez lequel le prolongement gulaire est déjà recourbé et aigu comme chez l'adulte.

Pendant un certain temps, on a été dans le doute sur le lieu d'origine du *Testudo hyniphora*. Le premier exemplaire connu est celui qu'a rapporté au Muséum en 1885 M. Humblot, qui l'avait acheté aux îles Comores de matelots arabes. D'après les renseignements qu'il put obtenir et la direction des vents régnants, ce zélé et savant voyageur crut devoir en conclure qu'il provenait de quelque îlot situé au N.N.E. des Comores, dans la direction d'Aldabra. Peu après, par une lettre d'un de ses correspondants, A. Grandidier apprenait que, sur la côte N.O. de Madagascar, dans les environs de Balў, il existait une tortue d'assez grande taille, que ce correspondant désignait sous le nom significatif de «Tortue à éperon», ce qui nous porta à penser qu'il s'agissait du *T. hyniphora* et que, par conséquent, cette espèce appartenait à la faune malgache: la question est aujourd'hui tranchée, puisque l'individu femelle qu'a étudié et figuré M. Siebenrock[1] a été trouvé par M. Voeltzkow au cap Sata (cap Sada, ou pointe E. de la baie de Balў).

DIMENSIONS PRINCIPALES DE LA CARAPACE DU «TESTUDO HYNIPHORA» Vaillant.

(Exemplaire type rapporté par M. Humblot[2].)

	MILLIMÈTRES.	P. 100.
Distance nucho-suscaudale, en ligne directe............	382	1.49
Distance nucho-suscaudale, en suivant la courbure......	560	2.18
Hauteur de la carapace au-dessus du plan de repos......	256	1.00
Plus grande largeur de la dossière..................	270	1.05
Plastron: longueur gulo-anale.....................	400	1.56

[1] Siebenrock, *Abhandl. Senckerb. Ges.*, 1903, p. 252 et pl. XXXV. fig. 5 et 6.

[2] Dans ce tableau, comme dans les suivants, la seconde colonne donne les rapports en centièmes des diverses dimensions, la hauteur étant prise comme unité.

Le *Testudo hyniphora* habite le Milanjă, dans le Nord-Ouest de Madagascar, notamment aux environs de la baie de Balÿ, où, à l'époque des pluies, on en trouve jusqu'au bord de la mer; pendant la saison sèche, elle se tient dans l'intérieur. Elle est *falÿ*, c'est-à-dire tabouée pour les habitants de cette région, les Antimilanjă, qui pour rien au monde n'y toucheraient. En 1887, un Indien qui était venu avec son boutre faire du commerce à Balÿ, étant allé recueillir du sel sur le bord Ouest de la baie[1], en trouva quelques-unes parmi les rochers de la côte et les embarqua dans son boutre; mal lui en prit, car les indigènes à cause de ce méfait pillèrent les marchandises qu'il avait déposées à terre pour faire son négoce et il dut lever précipitamment l'ancre et se sauver. Les œufs de ces tortues sont également *falÿ*. Il n'en a pas toutefois toujours été ainsi, car on lit dans le rapport d'un officier de marine qui existe dans les Archives du Dépôt des fortifications de la marine qu'au xvii⁰ siècle « les Arabes achetaient à Masselage (ou baie de Boină) beaucoup de tortues : il y avait des magasins pleins de ces bêtes », qui venaient certainement du Milanjă et du Boină.

TESTUDO PLANICAUDA Grandidier.

(Pl. 10 et pl. 17, fig. a.)

Testudo planicauda Grandidier, Liste des Reptiles nouveaux découverts en 1866 sur la côte Sud-Ouest de Madagascar, *Rev. et Mag. de Zool.*, juillet 1867, p. 233.
Pyxis arachnoides (!) Boulenger, *Catalogue of the Chelonians, etc.*, 1889, p. 145.
Acinixys planicauda Siebenrock, Schildkröten von Madagaskar und Aldabra, *Abhandl. von der Senckenb. Naturf. Gesellsch.*, t. XXVII, 1903, p. 244-246, pl. XXXIII-XXXIV.

C'est en 1867 que A. Grandidier a fait connaître cette espèce intéressante, qui, par la forme de sa dossière à trois pans, l'un supérieur horizontal formé par les plaques épidermiques vertébrales, les deux autres obliques latéraux formés par les plaques costales[2], constitue dans

---

[1] C'est dans cette même baie, mais à la pointe Est, que le D⁰ Voeltzkow, à qui l'on doit tant d'intéressants travaux sur les animaux de Madagascar, a trouvé l'exemplaire qui est au Musée de Berlin.

[2] Pl. 10, figure centrale.

le grand genre Testudo un type sans analogue jusqu'ici parmi les nombreuses espèces qui le composent; le fait est particulièrement accusé sur les deuxième et troisième plaques vertébrales, comme l'auteur en avait fait la remarque dans la diagnose par laquelle il a caractérisé l'espèce [1].

La queue de la femelle ne porte pas à son extrémité la grande écaille terminale qui caractérise celle du mâle.

Quant à la coloration, qui a été très exactement indiquée par A. Grandidier, elle est beaucoup moins brillante que chez d'autres espèces du même genre. En dessus, domine un ton brun sombre, sur lequel les aréoles granuleuses se détachent en brun ocreux un peu moins foncé que le reste; de cette aréole partent en divergeant de rares rayons fauves qui sont plus clairs, plus visibles et plus nombreux sur les plaques vertébrales, où l'on peut en compter jusqu'à six, le plus souvent cinq, et quelquefois quatre seulement; sur les plaques costales, il n'y en a généralement que deux, l'un antérieur, l'autre postérieur : cette disposition générale permet de rattacher le *Testudo planicauda* au beau groupe des Tortues radiées.

Le plastron est uniformément jaune clair, légèrement rabattu de brun [2], avec des taches d'un brun rougeâtre assez foncé, qui sont placées sur les aréoles soit marginales, soit submarginales : aux bords de celles-là, le dessin présente d'ailleurs d'assez sensibles variations suivant les individus. Les écailles marginales offrent une série de taches en bandes verticales alternativement brunes et fauves, ces dernières généralement étroites. Le dessin en flèches n'est pas à beaucoup près aussi distinct que dans les deux espèces précédemment étudiées.

Quant aux parties charnues, d'après l'auteur qui a étudié l'espèce vivante, la tête est brune, marquée de taches fauves; la queue est remarquablement déprimée, élargie, avec la portion terminale couverte chez le mâle de grandes écailles.

[1] *Testudo planicauda.* — ♂ Supra brunneo-nigra; scutorum areolis granulosis ochreis, rarisque radiis ab illis divergentibus, flavidis; scutis flavo cinctis. Scuto nuchale parvo, caudale unico; secundo tertioque dorsale omnino planis. Infra flava, areolis nigro maculatis. Sterno latissimo, antice paulo longiore testâ. Capite brunneo flavis maculis; caudâ maxime depressâ, extremâ parte squamis magnis tectâ. — Long. testæ, 0^m,15 (*Rev. et Mag. de Zoologie,* juillet 1867, p. 233).

[2] Pl. 10, figure supérieure du côté droit.

DIMENSIONS PRINCIPALES DE LA CARAPACE DU « TESTUDO PLANICAUDA » Grandidier.

(Exemplaire type, 1867-44.)

	MILLIMÈTRES.	P. 100.
Distance nucho-suscaudale, en ligne directe............	120	2.61
Distance nucho-suscaudale, en suivant la courbure.......	150	3.26
Hauteur de la carapace au-dessus du plan de repos.......	46	1.00
Plus grande largeur de la dossière..................	86	1.86
Plastron: longueur gulo-anale.....................	106	2.30

Cette espèce, qui est si nettement caractérisée, donne cependant lieu à quelques divergences d'opinion parmi les naturalistes.

La première à relever est celle énoncée dans le *Catalogue of the Chelonians* de M. Boulenger, qui met le *Testudo planicauda* comme synonyme du *Pyxis arachnoïdes* Bell, dont il sera question ci-après. Cette confusion ne se comprend pas; il est vrai qu'à cette époque la collection du Musée britannique ne possédait pas cette espèce et que le *Pyxis arachnoïdes* Bell n'y était même qu'assez médiocrement représenté.

M. Siebenrock, en raison sans doute de la singularité de cette espèce au milieu des autres représentants du genre TESTUDO, propose de former pour elle le genre ACINIXYS. En étudiant comparativement cette espèce avec le *Cinixys erosa* Gray, on ne peut être que frappé d'un grand nombre de similitudes : la carapace osseuse, dont nous donnons la reproduction[1], a été précisément préparée pour voir si l'espèce nouvelle de Madagascar ne devait pas rentrer dans le genre fondé par Bell pour ces espèces africaines; on pouvait en effet se demander si, avec l'âge, une mobilité ne pouvait pas s'établir entre la partie antérieure et la partie postérieure de la dossière, car, chez des Chéloniens d'un genre très différent d'ailleurs, les CISTUDES, dont les auteurs anglais ont fait le genre CYCLOMYS, la mobilité du plastron, nulle chez le jeune, ne devient un peu sensible que chez l'adulte. Mais, d'après l'étude de la carapace osseuse, il paraît très douteux qu'il en soit de même pour le *Testudo planicauda*, chez lequel la disposition des pièces squelettiques et l'engrènement si exact des sutures

[1] Pl. 17, fig. 2.

articulaires ne paraissent pouvoir permettre aucune mobilité sur un point quelconque de la dossière. Au reste, le genre Acinixys proposé ne nous semble pas établi sur des caractères suffisamment nets pour en justifier le maintien. Nous ne croyons pouvoir mieux faire pour édifier le lecteur à cet égard que de reproduire *in extenso* l'exposé de M. Siebenrock :

"Ce genre, dit-il, est établi sur les caractères ostéologiques que présentent la conformation de la colonne vertébrale, les côtes et le bassin. lesquels diffèrent essentiellement des parties homologues dans le genre Testudo Linné.

«Aux vertèbres dorsales, les apophyses épineuses manquent complètement et les corps ou centrums s'appliquent intimement sur toute l'étendue des pièces neurales, de sorte qu'ils forment un long bourrelet à peine saillant qui fait une très faible saillie à la surface interne de la dossière. Les côtes également sont élargies et couchées à plat sous les pièces neurales; elles se sont même par place conservées encore à l'état cartilagineux. Ces dispositions ostéologiques concordent assez bien avec les parties homologues des Cinixys Bell.

"Le bassin (pubis et ischion) est très étroit, les «foramina pubio-ischiatica» forment des trous en entailles transversales. La «crista mediana ischiatica» qui, chez les Testudo Linné, est sensiblement développée, devient ici presque nulle. Le bord postérieur de l'ischion forme une ligne allongée, droite, tandis que, chez les Testudo Linné, elle fait une saillie notable. Les «tubera ischii limitantes» sont très rapprochées des «acetabulums», si bien que l'«incisura ischiatica» entre les parties indiquées est remarquablement petite. Le bassin s'articule avec les apophyses transverses des neuvième et dixième vertèbres dorsales et la première vertèbre sacrée (par exception, c. l. se tient aux apophyses transverses des deux vertèbres sacrées et de la première vertèbre caudale), tandis que la seconde vertèbre sacrée avec ses courtes apophyses transverses, qui, de même que la vertèbre caudale suivante, se termine en pointe, n'atteint plus le bassin. Au contraire, chez les Cinixys Bell, aussi bien que chez les Testudo Linné, la seconde vertèbre sacrée s'articule toujours avec le bassin; pourtant, chez les animaux âgés de plusieurs espèces de ce dernier genre, par exemple chez le *T. calcarata* Schn. et le *T. pardalis* Bell, la première vertèbre caudale y prend part également. »

L'un de nous a, à différentes reprises, appelé l'attention sur l'inconvénient qu'il y a en taxinomie à abuser, comme beaucoup d'auteurs contemporains ont tendance à le faire, des caractères purement ostéologiques pour des distinctions spécifiques ou génériques. L'exemple ci-dessus vient à l'appui de cette manière de voir. Tout en rendant justice à l'étude exacte et ingénieuse faite par M. Siebenrock, tout en convenant que ses remarques sur la disposition des corps vertébraux ont certainement de la valeur, il faut cependant d'autre part convenir que cette disposition ne paraît pas avoir à elle seule une importance physiologique qui donne à l'animal une différence assez notable pour l'éliminer du genre Testudo et le faire reporter dans le genre Cinixys.

Quant aux remarques sur la disposition et les rapports du bassin, il serait imprudent de faire fond sur de semblables caractères. Chez les Chéloniens en général et les Tortues en particulier, cette partie du squelette, dont le rôle physiologique se réduit à servir de point d'appui au fémur pour une locomotion en somme rudimentaire ou tout au moins peu active, peut, sans de graves inconvénients semble-t-il, subir dans son articulation avec la colonne vertébrale des modifications, sans que les conditions biologiques de l'animal soient sensiblement troublées. Quant aux modifications dans la forme des os pubis et ischion, aussi bien que dans celle du trou ischio-pubien, etc., il est difficile d'admettre qu'on puisse y trouver des caractères d'ordre générique, surtout dans le cas présent où ces modifications sont légères. Rappelons en passant que, dans son travail sur les Tortues gigantesques (1877), Günther a cherché à employer des caractères de cet ordre pour distinguer les espèces d'Aldabra : *T. elephantina* Duméril et Bibron, *T. ponderosa* Günther, *T. gigantea* Schweigger, *T. hololissa* Günther, et que plusieurs auteurs, parmi lesquels M. Boulenger, se demandent si ces espèces ne sont pas de simples variations individuelles[1].

[1] Boulenger, *Catalogue of the Chelonians, etc., in the British Museum*, 1889, p. 168.

En résumé, il paraît donc que le *Testudo planicauda* Grandidier est beaucoup mieux à sa place dans le genre où son auteur l'a placé.

Cette tortue, dont le nom local est *Kapidolö* ou *Kapik-andolö* [litt. : *Kapikä* (ou tortue à charnière, à clapet) des morts, des cimetières], habite la province de Morondavä, dans l'Ouest de Madagascar.

PYXIS ARACHNOIDES Bell.

(Pl. 16 et pl. 17, fig. 1.)

Pyxis arachnoides Bell, *Trans. Linnean Soc. of London*, t. XV, 1827, p. 395 et pl. XVI (fig. 1-2, adulte), et *Zoological Journal*, t. III, 1828, p. 295.

Pyxis arachnoides Boulenger, *Catalogue of the Chelonians, etc.*, 1889, p. 145.

Pyxis arachnoides (*pro parte*) Siebenrock, Schildkröten von Madagaskar und Aldabra. *Abhandl. herausg. v. d. Senckenberg. Naturf. Gesellsch.*, t. XXVII, 1903, p. 242-244.

Le genre Pyxis, qu'a fondé Bell en 1827, est des plus faciles à caractériser dans la famille des *Testudinidæ* par l'apparence de l'animal, qui est un Chélonien essentiellement terrestre, c'est-à-dire tout à fait cryptodère et à pattes sans doigts distincts, les ongles seuls étant visibles. ayant tout l'aspect d'un Testudo, mais s'en distinguant par la mobilité du battant antérieur du plastron qui est très nettement articulé suivant la suture des écailles huméro-pectorales, si bien que, lorsque l'animal a rentré sa tête et ses membres antérieurs. il peut, en relevant ce battant, clore assez exactement l'orifice antérieur de sa carapace : c'est, suivant l'expression des anciens zoologistes. une « tortue à boîte » des plus typiques. quoique la partie postérieure du plastron n'ait aucune mobilité. Comme ce genre ne renferme jusqu'ici qu'une seule espèce, le *Pyxis arachnoides*, cette particularité suffit pour la faire reconnaître.

La coloration a certaines analogies avec celle de l'espèce précédente, le *Testudo planicauda* Grandidier. comme le montrent les deux planches où ces espèces sont représentées[1]. Cependant le dessin radié est souvent un peu plus net, et la teinte sombre qui y domine parfois fait surtout ressortir cinq bandes longitudinales. l'une médio-vertébrale. les autres

---

[1] Comparer les planches 10 et 16.

costales; le plastron, par contre, est uniformément pâle, sans trace sensible de coloration brune. La coloration des parties charnues n'offre rien à noter qui la distingue sensiblement de celle du *Testudo planicauda* Grandidier et d'autres espèces du même genre.

DIMENSIONS PRINCIPALES DE LA CARAPACE DU « PYXIS ARACHNOIDES » Bell.

DÉSIGNATION.	N° 205ᵃ.		N° 85ᵃ.	
	MILLIMÈTRES.	P. 100.	MILLIMÈTRES.	P. 100.
Distance nucho-suscaudale, en ligne directe.....	100	2.43	52	1.79
Distance nucho-suscaudale, en suivant la courbure.	140	3.41	71	2.44
Hauteur de la carapace au dessus du plan de repos.	41	1.00	29	1.00
Plus grande largeur de la dossière............	13	0.31	45	1.55
Plastron : longueur gulo-annale	9	0.21	46	1.58

Les numéros sous lesquels sont désignés ces deux exemplaires de *Pyxis arachnoides* sont les numéros du catalogue systématique de la collection de Reptiles du Muséum: le numéro 205ᵃ est un individu adulte, rapporté par M. Geay; le second, 85ᵇ, est un individu très jeune, qu'a rapporté l'un de nous en 1899 et qui a d'abord donné lieu à une erreur de détermination: à cet âge, la forme de la carapace est tout à fait hémisphérique, ce qui nous le fit regarder comme étant un individu très jeune du *Testudo radiata* [1]. Ce n'est que récemment que l'un de nous, remarquant la couleur uniformément claire de son plastron, cas qui ne se présente pas chez les *Testudo radiata* Shaw qui, dès leur jeune âge, montrent la disposition typique des parties brunâtres caractéristiques de l'espèce [2], eut son attention éveillée et reconnut la disposition transversale de la suture huméro-pectorale sur le plastron et la mobilité de son lobe antérieur, bien que la mollesse de la carapace, encore incomplètement ossifiée, rendît le fait délicat à constater.

Le *Pyxis arachnoides* habite Madagascar, d'où le Muséum l'a reçu de MM. Cloué et Geay, sans compter les nombreux exemplaires recueillis par MM. A. et G. Grandidier. Duméril et Bibron le donnent comme

[1] Comparer, pour les dimensions, celles du *Testudo radiata* Shaw, n° 83, qui sont données dans le tableau relatif à cette espèce, page 37. — [2] Pl. 8-9, fig. 2.

de l'Inde et des îles de l'Archipel Indien; M. Boulenger l'indique
avec doute de l'île Maurice, et la collection du Muséum en renferme un
individu qui est inscrit comme venant de cette dernière île; il parait
cependant probable que ces derniers habitats sont accidentels et que
l'espèce est propre à la faune malgache.

SOUS-TRIBU: PLEURODERINEA

(PALUDINES).

Ce groupe, qui est l'un des plus curieux de l'ordre des Chéloniens,
mérite l'attention par la façon dont les animaux qui en font partie ré-
tractent leur tête sous leur carapace. Leur cou, en effet, ne se replie pas
suivant un plan vertical, mais horizontalement, de sorte qu'il est abrité
moins complètement que chez les tortues cryptodères et qu'il se rejette
sur l'un des côtés de l'ouverture antérieure de la carapace: la planche
24-25 donne une idée exacte de cette particularité. Plusieurs autres dispositions propres aux Pleurodères ont aussi de l'importance : telles sont la
soudure en un seul os des pièces qui constituent la première vertèbre
ou vertèbre atlo-odontoïdienne, la présence d'apophyses transverses aux
vertèbres cervicales, la soudure du bassin avec les pièces sternales. Ces
caractères étant généraux dans ce groupe et en même temps lui étant
spéciaux, il y a lieu de penser qu'ils sont en rapport avec des nécessités
physiologiques particulières. point de vue qui ne parait pas avoir encore
attiré l'attention des biologistes.

La sous-tribu a été partagée en deux familles : celle des *PELOMEDUSIDÆ*
chez laquelle le plastron se compose de onze pièces par l'adjonction d'une
paire de pièces mésosternales, et chez laquelle le cou, n'ayant qu'une
seule vertèbre amphicyrtienne. la seconde. est relativement court et peut
s'abriter assez complètement sous la carapace; et celle des *CHELYDIDÆ*.
chez laquelle il n'y a que neuf pièces sternales comme dans la plupart des
Chéloniens. et chez laquelle le cou. qui a deux vertèbres amphicyr-
tiennes. la cinquième et la huitième, est proportionnellement long et ne
peut s'abriter parfois qu'incomlplètement sous la carapace.

La faune malgache renferme quatre espèces réparties dans trois genres[1], qui tous appartiennent à la première de ces deux familles[2].

PELOMEDUSA GALEATA Schœpff.

(Pl. 20 et 21, fig. 1.)

La petite tortue de terre de Fort-Dauphin De Jossigny, Dessin manuscrit, 1770 (dans la *Biblioth. Mus. Hist. Nat.*), cité par L. Vaillant dans *Bull. Mus. Hist. Nat.*, mars 1898, p. 135.

Pelomedusa galeata Schœpff, *Naturgeschichte der Schildkröten*, 1792, p. 14, pl. 3, fig. 1.

Pentonyx capensis Duméril et Bibron, *Erpétologie générale*, t. II, 1835, p. 390, pl. XIX, fig. 2.

Pelomedusa galeata Peters, Über die von Hildebrandt auf N. W. Madagascar gesammelten Amphibien, *Monatsb. Akad. Berlin*, 1880, p. 509, et *Reise nach Mossambique, Zoologie*, t. III. 1882, *Amphibien*, p. 6-7.

Pelomedusa galeata Boulenger, *Catalogue of the Chelonians, etc.*, 1889, p. 197.

Pelomedusa galeata Siebenrock, Schildkröten von Madagaskar und Aldabra, *Abhandl. herausg. v. d. Senckenberg Naturf. Gesells.*, t. XXVII, 1903, p. 255-257.

Le genre Pelomedusa, qui a été établi par Wayler en 1830, a été universellement adopté; les auteurs de l'*Erpétologie générale* ont, il est vrai. cru devoir changer cette appellation en celle de Pentonyx[3] sous le prétexte que la première appellation était très vague en tant que signifiant « maîtresse des marais », tandis que celle qu'ils proposaient. faisant allusion au caractère très objectif de la présence de cinq ongles à toutes les pattes. aux pattes antérieures aussi bien qu'aux pattes postérieures, leur paraissait plus exacte; mais cette modification a été rejetée partout, car. sans contester absolument ce qu'il peut y avoir de fondé dans cette manière de voir, avec les idées actuelles sur la nécessité d'établir une nomenclature fixe dont le respect de l'antériorité est une loi fondamentale, la proposition de Duméril et Bibron n'est pas admissible.

Les Pelomedusa se caractérisent parmi les autres genres de la famille des Chelydidæ par leur crâne, qui a la fosse temporale largement ouverte

[1] Voir page 28.

[2] Blanford a dit en 1890: «La famille des *Pelomedusidæ* comprend trois genres, tous existant à Madagascar, dont deux se trouvent aussi en Afrique, mais pas en Amérique, et dont un, le *Podocnemis*, est sud-américain, mais non africain» (Address to the meeting Geol. Soc. in 1890. *Proc. Geol. Soc. London*. 1889-1890, p. 100 et 102).

[3] Duméril et Bibron, *Erpét. gén.*, p. 389.

et entièrement membraneuse, par une paire d'écailles épidermiques
entre les yeux qui est suivie d'une grande interpariétale, par un plastron
solide où il n'y a aucune trace d'articulation; les pièces mésosternales sont
réduites à deux très petites plaques osseuses, qui sont intercalées entre
les pièces pectorales et abdominales et qui, rejetées tout à fait en dehors
pour s'articuler avec les pièces marginales, appartiennent plutôt aux ailes
qu'au plastron proprement dit; à ces caractères, on peut joindre la présence des cinq ongles à chacune des pattes.

Dans l'état actuel de nos connaissances, ce genre ne comprend qu'une
seule espèce, le *Pelomedusa galeata*, qui a été caractérisée et figurée très
exactement par Schoepff, dès 1792.

Le *Pelomedusa galeata* est un Chélonien de petite taille, dont la carapace, mesurée en suivant la courbure, atteint rarement 270 millimètres;
la forme de cette carapace est oblongue avec les côtés presque rectilignes,
arrondie de même à l'avant et à l'arrière, assez aplatie, car la hauteur n'a
guère que le quart de la longueur; les plaques écailleuses tantôt sont lisses,
tantôt ont des rugosités rayonnantes et serrées qui forment une bordure
marginale plus ou moins large, visible surtout aux plaques vertébrales,
parfois aussi aux plaques costales; le plastron offre les treize pièces
habituelles, dont l'intergulaire est étroite, pentagonale, à angle postérieur aigu, et dont les autres ne méritent pas de mention spéciale, à
l'exception des pectorales qui offrent deux dispositions différentes: tantôt,
et c'est le cas le plus ordinaire à en juger par la série assez nombreuse
d'exemplaires que renferme la collection du Muséum, ces deux plaques,
qui sont quadrilatérales, s'unissent sur la ligne médio-verticale, partici-
pant à la suture qui sépare les plaques paires, et s'étendent de l'extrémité
de l'intergulaire à la suture inter-anale[1]; d'autres fois, la forme est
plutôt triangulaire et le sommet du triangle, qui est dirigé en dedans,
n'atteint pas la ligne médio-ventrale, se trouvant séparé du sommet homo-
logue par un espace plus ou moins grand[2] dans lequel s'unissent les
plaques humérales et abdominales. Une autre particularité non moins

[1] Pl. 20, fig. 2. — [2] Pl. 20, fig. 3.

remarquable du plastron dans cette espèce, c'est qu'une fontanelle hyo-
hyposternale reste toujours membraneuse, ne s'ossifiant pas même chez
les individus adultes. Le battant antérieur du plastron est sensiblement
plus développé, surtout en largeur, que le battant postérieur, dont l'extrémité anale est émarginée.

Il y a lieu d'attirer encore l'attention sur la disposition du tube
digestif, qui est construit sur un plan assez différent de celui que
nous avons étudié plus haut chez le *Testudo hypniphora* Vaillant, ce qui
ne doit pas étonner, étant donné le régime du *Pelomedusa galeata*
qui est une espèce essentiellement carnivore. L'œsophage[1] est membraneux, à paroi peu épaisse, et se continue directement avec l'estomac[2],
la limite entre ces deux portions du tube digestif étant invisible extérieurement; l'intestin grêle[3] y fait suite avec un pylore anatomiquement mieux défini, mais le gros intestin[4] s'abouche directement pour
arriver dans le cloaque où aboutissent comme d'ordinaire les organes
reproducteurs, qui sont ici les oviductes[5].

Les dispositions fondamentales à signaler sont l'absence de la dilatation cœcale et la réduction du gros intestin par rapport à la longueur de
l'intestin grêle, modifications tout à fait concordantes avec la différence
de régime.

Le *Pelomedusa galeata* Schoepff se rencontre assez fréquemment à Madagascar, et l'un de nous en a rapporté, en 1899, une série de carapaces
intéressante; mais l'espèce n'est pas moins répandue en Afrique, particulièrement dans le Sud, où elle est commune au Cap de Bonne-Espérance:
en effet, plus de la moitié des exemplaires qui sont dans la collection du
Muséum sont indiqués comme provenant du Cap; elle se trouve aussi en
Abyssinie, comme en témoignent les individus envoyés par Rüppel; enfin
un exemplaire aurait été rapporté du Sénégal par Adanson et un autre
du Gabon par Aubry-Lecomte, mais on peut se demander si la détermination générique de ces deux exemplaires, surtout du dernier qui est tout

---

[1] Pl. 21, fig. 1, A. — [2] Pl. 21, fig. 1, B. — [3] Pl. 21, fig. 1, C. — [4] Pl. 21,
fig. 1, D. — [5] Pl. 21, fig. 1, E.

jeune, est bien certaine; il est possible que ce soit un STERNOTHÈRE, comme le pense M. Boulenger[1].

La différence que nous avons signalée plus haut dans la disposition des plaques pectorales, qui sont tantôt unies sur la ligne médiane (var. : *typica*),[2] tantôt disjointes (var. : *disjuncta*)[3], n'a-t-elle pas une valeur assez grande pour justifier une distinction spécifique? C'est ce qu'a pensé Rüppel lorsqu'il a établi son *Pentonyx Gehafie*, nom sous lequel ses exemplaires sont inscrits dans la collection du Muséum. Un individu envoyé des mêmes régions par Du Bourg de Bozas appartient à cette variété, tandis que tous les exemplaires que nous possédons du Cap et de Madagascar sont de la variété type. Si le fait était général, cela viendrait à l'appui de l'idée de Rüppel que partageait A. Duméril; toutefois les passages que l'on trouve entre les deux variétés ne semblent pas favoriser cette manière de voir.

GENRE STERNOTHÆRUS BELL.

Quoique le nom de STERNOTHÆRUS[4] ait été employé par Bell, c'est à Gray que l'on doit en rapporter la création, car c'est lui, le premier. qui a assigné à ce genre les limites qu'on lui attribue actuellement. Bell y renfermait en effet un certain nombre d'espèces qui sont placées aujourd'hui parmi les CINOSTERNUM et les CISTUDO, c'est-à-dire de Chéloniens qui ne peuvent être considérés comme des Pleurodères.

Ce genre appartient à la famille des CHELYDIDÆ et se caractérise par son crâne, qui a la fosse temporale largement ouverte et absolument membraneuse, par une paire d'écailles épidermiques entre les yeux et une grande interpariétale. par un plastron muni d'un battant antérieur mobile : les pièces mésosternales qui constituent la partie postérieure de ce battant sont deux plaques osseuses quadrilatérales qui s'étendent jusqu'à la ligne médio-ventrale et s'y articulent pour constituer en partie la suture osseuse longitudinale; les pattes postérieures aussi bien que les pattes antérieures sont munies de cinq ongles [5].

---

[1] BOULENGER, *Catal. Chelon.*, 1889, p. 197 : *Sternothærus gabonensis* A. Duméril. —
[2] Pl. 20. fig. 2. — [3] Pl. 20, fig. 3. — [4] De σ1έρνον « plastron » et Θαιρός « charnière ». —
[5] Voir SIEBENROCK : Genre STERNOTHÆRUS (*Abhandl. Senckenb. Ges.*, XXVII. 1903, p. 253-254.

La différence unique qui distingue ce genre du genre Pelomedusa réside, comme l'on voit, dans l'existence de ce battant antérieur mobile du plastron, qui fait rentrer ces animaux dans la section des «Tortues à boîte» des anciens auteurs et constitue certainement un caractère assez important pour justifier la distinction générique. Toutefois, si l'on n'a pas d'éléments d'étude suffisants, si surtout on ne dispose que de sujets jeunes, on peut se trouver embarrassé pour savoir auquel de ces deux genres appartient un individu donné.

Ce genre a été étudié par divers zoologistes éminents. Gray, en 1831, y rangeait les deux espèces que nous allons avoir à examiner. Quelques années plus tard, en 1835, Duméril et Bibron en ajoutaient une troisième, puis leur nombre s'est augmenté successivement à la suite des recherches de Smith, de Gray, de Duméril et Bibron, d'Auguste Duméril, si bien que, dans la révision publiée par M. Boulenger en 1889, ce savant en admet six; quoique plusieurs aient été depuis regardées comme faisant double emploi, c'est encore ce nombre que M. Siebenrock conserve dans une étude spéciale qu'il a publiée sur ce genre en 1903.

La faune herpétologique de Madagascar compte une et même probablement deux espèces, les plus anciennement connues; les autres appartiennent à la faune éthiopienne et se rencontrent du Congo à Zanzibar, du Haut Nil au Cap de Bonne-Espérance.

STERNOTHÆRUS SUBNIGER Lacépède.

(Pl. 18-19 et 19*.)

La Noirâtre Lacépède, *Les Quadrupèdes ovipares*. 1788, t. I, p. 175 et pl. XIII.

La Tortue noirâtre (Testudo subnigra) Bonnaterre, *Tableau encyclopédique et méthodique des trois Règnes de la Nature : Erpétologie*, 1789, p. 30 et fig. 6.

Testudo nigricans Donndorf, *Zoologische Beiträge zur 13ᵉ Ausg. der Linnechen Natursystems*, t. III (*Amphibia et Pisces*), 1798, p. 34, n° 13.

Emis subnigra Schweigger, *Prodromi Monographiæ Cheloniorum*. 1814. p. 46.

Sternothærus nigricans Duméril et Bibron, *Erpétologie générale*, t. II, 1835, p. 399-401.

Sternothærus nigricans Peters, *Reise nach Mossambique, Zool.*, t. III, 1882, *Amphibien*, p. 8.

Sternothærus subniger et St. niger Gray, *Proc. Zool. Soc. London*, mai 1863, p. 192-195.

Sternothærus nigricans Boulenger, *Catalogue of the Chelonians, etc.*, 1889, p. 195.

Sternothærus nigricans et St. castaneus L. Vaillant, Remarques sur les caractères distinctifs
des deux Sternothères de Madagascar, *Bull. Soc. Philom.*, 12 avril 1891, p. 94-96, et
Note sur le dessin inédit de Jossigny (1770), *Bull. Mus. Hist. Natur.*, 1898, p. 133.

Sternothærus nigricans Siebenrock , Schildkröten von Madagaskar und Aldabra, *Abhandl.*
herausg. v. d. Senckenb. Naturf. Gesellsch., t. XXVII, 1903, p. 254-255.

STERNOTHÆRUS CASTANEUS Schweigger[1].

(Pl. 18-19 et 19*.)

Emys castanea Schweigger, *Prodromi Monographiæ Cheloniorum*, 1814, p. 45.

Sternothærus castaneus Duméril et Bibron, *Erpétologie générale*, t. II, 1845, p. 401-403.

Sternothærus castaneus Peters, Über die Hildebrandt auf N. W. Madagascar gesammelten
Amphibien, *Monatsb. Akad. Berlin*, 1880, p. 509.

Si le genre Sternothærus est bien nettement défini, il n'en est pas de
même de ses espèces, dont plusieurs donnent lieu à des contestations.

C'est en 1788, dans le premier volume consacré aux Quadrupèdes ovipares que Lacépède fit connaître, sous la dénomination de : «La Noirâtre», une tortue qui n'était représentée que par une carapace, d'ailleurs
complète avec dossière et plastron, conservée au Cabinet du Roi, et dont
«il n'a trouvé mention dans les ouvrages d'aucuns des naturalistes et voyageurs connus». Une planche, représentant la tortue à moitié de sa grandeur, accompagnait la description.

Cette figure, qui est sévèrement jugée par Strauch (*Chronologische*
Studien, 1862, p. 148), peut cependant, en tenant compte de l'époque,
être regardée comme satisfaisante; la description l'est moins, car il y est
parlé simplement de la forme générale, des dimensions, de l'aspect, de
la couleur, du nombre des plaques cornées, sans mention de la structure
si importante du sternum, sur laquelle l'attention n'était pas éveillée.

---

[1] M. Siebenrock a décrit, dans les *Zoolo-*
gischen Anzeiger de décembre 1901, p. 6-8,
un nouveau Sternothère de Madagascar :
Eine Neue Schildkrote aus Madagascar (nach
Gerrard), auquel il donne le nom de *Ster-*
nothærus Steindachneri. C'est, dit-il, une
espèce très voisine du *St. gabonensis* A. Duméril, mais il ne donne à son sujet aucune
indication géographique et ne cite même
pas le nom du collecteur, et, comme depuis
il n'en a plus été question, on doit jusqu'à
plus ample informé la tenir pour douteuse.

Presque en même temps, Bonnaterre a consacré, dans son *Erpétologie* qui porte la date de 1789, un article à la «Tortue noirâtre», qu'accompagne une figure; article et figure sont reproduits d'après Lacépède. Toutefois, en tête de l'article, il y a une désignation et une diagnose latines, conformes aux règles de la méthode linnéenne que Lacépède n'a pas observées dans ses premiers ouvrages : TESTUDO SUBNIGRA : *T. testâ orbiculari, subconvexâ, nigricante; scutellis crassis, lævibus, transversim striatis, intermediis carinatis.*

On retrouve la même description dans la traduction faite en 1800 par Berchstein[1] des «Serpents et des Quadrupèdes ovipares» de Lacépède.

Dans la bibliographie de cette espèce, Duméril et Bibron donnent au Sternothère noirâtre la dénomination latine de *Testudo subnigra*[2] ; on est donc en droit de s'étonner que les auteurs modernes aient adopté le nom de *Sternothærus nigricans,* cette épithète spécifique n'ayant paru que plus tard dans le travail de Donndorf. On ne saurait trop s'élever contre un usage qui, au mépris de toute équité et, disons-le, de toute utilité, fait attribuer la priorité d'une espèce qu'il n'a souvent ni vue, ni décrite, et c'est ici le cas, à un auteur, tout simplement parce qu'il a latinisé un nom donné en langage vulgaire par celui qui l'a réellement découverte et fait connaitre.

On retrouve cette espèce mentionnée dans Donndorf qui, dix ans plus tard, en 1798, l'a comprise dans son énumération des TESTUDO. Nous n'avons pas de renseignements bien précis sur ce savant, dont le nom ne figure ni dans l'*Histoire de la Zoologie* de la grande Histoire naturelle des Poissons, ni dans l'*Histoire des Sciences;* c'est dans l'*Histoire de la Zoologie* de Carus[3] qu'il est cité avec éloge pour son *Handbuch der Thiergeschichte,* mais l'ouvrage qui nous intéresse ici : *Zoologische Beiträge zur 13ᵉ Ausg. des Linnechen Natursystems* n'est qu'une édition allemande du *Systema Naturæ* de Linné par Gmelin, avec quelques intercalations qui complètent à certains points de vue cet ouvrage sans toutefois en atténuer

---

[1] D'après la *Bibliotheca Historico-naturalis* de Wilhelm ENGELMANN, 1846 : *Lacépède Naturgesch. der Amphibien*, Weimar, 1800.

[2] DUMÉRIL et BIBRON, *Erpétologie générale,* t. II, 1835, p. 399.

[3] Traduction française, 1880, p. 432.

les imperfections qui, de l'aveu unanime, le font regarder comme l'un des plus médiocres de la série linnéenne et indigne du grand nom sous lequel il s'abrite. L'article qui nous intéresse est l'une de ces additions dues à Donndorf : en effet, à la page 34 du tome III qui est consacré aux AMPHIBIA ET PISCES, la « Tortue Noirâtre » est citée et, sous le numéro 13, on lit : « *Die schwärzliche Schildkrote : Testudo (nigricans), scuto suborbiculari, subconvexo, nigricante,* Lacépède, *l. c.,* I, p. 175, tab. 13 : la Noirâtre: Schneider, *Beyträge,* p. 23, n° 24 : die Schwärzelichte. »

Il est certain que cette diagnose et les deux indications bibliographiques qui la suivent n'ajoutent rien à la connaissance de cet animal, si ce n'est de permettre aux lecteurs de recourir au travail de Lacépède pour y trouver les renseignements que nous avons analysés ci-dessus. mais ce qui est singulier, c'est que, le nom s'y trouvant latinisé, Donndorf a été, de par les lois de la nomenclature, imposé par la plupart des auteurs comme le créateur de l'espèce. Il n'est pas possible de ne pas protester contre les abus et les inconvénients de l'application draconienne de ces règles, car le mérite de Donndorf, qui se résume à avoir écrit *nigricans* au lieu de « Noirâtre », est certes bien mince et, d'autre part, cette substitution n'est-elle pas de nature à induire en erreur les zoologistes qui, désireux de se renseigner sur la valeur historique de l'espèce et se reportant à l'auteur qui en est indiqué comme le créateur, sont obligés de s'adresser ailleurs? Les législateurs taxinomiques n'auraient-ils pas dû indiquer au moins que le prétendu auteur de l'espèce n'est dans ce cas qu'un copiste traducteur et accoler par exemple à son nom quelque signe spécial pour renseigner le lecteur. Certes, le code en question est déjà trop surchargé de détails minutieux et encombrants pour qu'on n'hésite pas à en ajouter de nouveaux, mais on ne peut pas ne pas regarder Lacépède comme le véritable auteur de l'espèce et il y a lieu de s'étonner qu'il n'en soit pas fait mention par exemple dans la bibliographie étendue qu'a donnée M. Boulenger dans son *Catalogue of the Chelonians in the British Museum.*

Le travail de Daudin est plus intéressant, malgré les erreurs singulières qu'on y relève. Il a, en effet, travaillé sur le type même vu par Lacépède qu'il a examiné de près, quoiqu'une partie de sa description paraisse empruntée à ce dernier : il signale la mobilité du lobe plastral antérieur, mais, par une erreur tout à fait singulière, il indique cette même mobilité pour le battant postérieur, et, cependant, sur la pièce qui se trouve encore au Muséum, la soudure et la rigidité de cette partie du plastron sont incontestables. Sa remarque, énoncée un peu au hasard, que cette particularité ⹂indique que cette tortue vit dans l'eau douce⹂ a été confirmée par les recherches ultérieures.

L'article de Daudin se termine par la description d'une boîte osseuse qui lui paraît devoir appartenir à la ⹂Tortue noirâtre⹂; d'après les détails qu'il donne, il s'agit d'une espèce évidemment voisine, appartenant certainement au genre Sternothærus, le nombre des plaques du plastron, la mobilité du battant antérieur et la soudure du battant postérieur le prouvent, quoique, pour ce dernier, Daudin s'efforce de trouver que les pièces qui le composent ⹂paraissent cependant pouvoir se fléchir un peu et se rapprocher de la carapace⹂ : on pourrait dire que c'est la première indication de la subdivision de ce genre en deux espèces distinctes, qu'a adoptée Schweigger en 1814 dans ses *Prodromi Monographiæ Cheloniorum*, où il décrit : à la page 45, un *Emys castanea*, d'après l'exemplaire original de Daudin qu'il a examiné dans les Collections du Muséum de Paris, car il dit expressément : *vidi testam quæ in museo Parisiensi servatur sub nomine falso Test. subnigra β*, Rept. II, 198, *a Daudin descriptam*; et. à la page 46, un *Emys subnigra*, d'après la ⹂Noirâtre⹂ de Lacépède dont il déclare également avoir examiné la carapace authentique. Cette étude, faite par un naturaliste dont personne ne peut contester l'autorité et la compétence en la matière, mérite d'être prise en sérieuse considération, ce qui est d'autant plus facile que les descriptions, qui sont en latin, sont rédigées avec méthode et comparatives. Chacune d'elles est divisée en deux paragraphes, dont le premier constitue une sorte de phrase carastéristique générale et le second une description plus spéciale de la carapace. Les voici, telles qu'il les donne :

Emys castanea : *testâ castaneâ, rugis levissimis radiantibus, scutellis vertebralibus mediis carinatis, areolis punctato rugosis nigris.*

Emys subnigra : *pedibus palmatis, plantarum digito quinto inermi*[1], *testâ nigrâ, scutellis nitentibus, in margine striatis, vertebris mediis planis leviter carinatis.*

Et pour la description des carapaces :

Emys castanea : *Scutella disci sublævia. Bracteæ marginales duæ anticæ quadratæ.*

Emys subnigra : *Scutella disci lævia, adspectu pingui, non areolata. Bracteæ marginales laterales angustissimæ.*

Pour ce qui est de la phrase caractéristique, on voit que ce qui frappe davantage l'auteur, c'est la coloration marron dans un cas, noire dans l'autre, caractères qui ne peuvent à eux seuls justifier la distinction spécifique, car, sous ce rapport, les variations peuvent dépendre de l'âge, des conditions biologiques, etc. On pourrait aussi invoquer la disposition des plaques vertébrales qui sont carénées chez l'*Emys castanea*, planes chez l'*Emys subnigra*, mais les mots qui terminent la description de cette dernière, *leviter carinatis*, enlèvent à cette particularité une grande partie de sa valeur.

En ce qui concerne les carapaces, la description des plaques cornées du disque, lisses dans un cas, sublisses et d'aspect gras dans l'autre, manque de précision ; la forme des plaques marginales antérieures, quadrilatérales chez l'une, excessivement réduites chez l'autre, est certainement un caractère différentiel très objectif et d'une grande valeur, mais l'énoncé manque de clarté, car que veulent dire d'une façon précise ces *Bracteæ marginales*, les unes spécifiées comme antérieures, les autres comme latérales ? Sont-ce les écailles marginales placées de chaque côté de la nuchale ? Dans tous les exemplaires de Sternothères noirâtres ou marrons que nous avons examinés, il n'y a sous ce rapport aucune différence bien appréciable ; il est regrettable qu'une figure ne lève pas les doutes. [2]

---

[1] Ce caractère, qui d'ailleurs n'est pas exact, est donné pour l'*Emys subnigra* d'après Daudin, qui lui-même, ne le connaissait que par un renseignement communiqué de Ledye sans comparaison directe des types.

[2] VAILLANT, Rem. sur les caract. des Sternoth. de Madag., *Bull. Soc. Phil.*, 1891.94 96.

En somme, il est difficile de se faire, d'après ces descriptions, une idée exacte de la distinction proposée par Schweigger, et malheureusement nous ne pouvons aujourd'hui recourir à l'étude directe des types, car, si le Muséum de Paris possède la carapace de la «Noirâtre» de Lacépède, celle qu'ont vue et décrite Daudin et Schweigger est depuis longtemps perdue; Duméril et Bibron[1] disent expressément, en 1835, qu'ils ne l'ont point retrouvée dans la Collection et que, si Gray dit l'avoir vue, il est probable qu'il a pris pour elle le type de la «Noirâtre».

Gray, dans son travail publié en 1831, établit le genre STERNOTHÆRUS[2] avec les caractères que nous lui attribuons aujourd'hui et il y comprend les deux espèces de Schweigger: *Sternothærus castaneus* et *S. subniger*, d'après les études qu'il en a faites au Muséum de Paris. Comme nous venons de le dire, Duméril et Bibron doutent qu'il ait vu les deux espèces et, en fait, dit-il pour l'une d'elles, «non vidi»; aussi les diagnoses qu'il en donne ne sont-elles que la reproduction, à peu près littérale, de celles de Schweigger et ne vident pas la question; il admet en effet les deux espèces, tout en faisant remarquer qu'elles sont à peine distinctes, comme nous avons nous-mêmes conclu de l'étude comparative des deux diagnoses de Schweigger.

Dans l'*Erpétologie générale* de Duméril et Bibron, les espèces de Schweigger sont maintenues et l'on peut dire confirmées par une étude des plus complètes, qu'on peut aujourd'hui encore contrôler sur les types authentiques. Il est toutefois regrettable que l'un des deux types étudiés par Duméril et Bibron ne soit pas le même que celui de Schweigger, qui avait désigné comme *Sternothærus castaneus* la carapace que Daudin avait décrite comme une simple variété du *Sternothærus subniger*; or Duméril et Bibron affirment n'avoir pas retrouvé dans la collection cette carapace, d'après laquelle Schweigger décrit son *Emys castanea* et leur description a été faite d'après un individu qu'ils disent unique et qui a été rapporté de l'île de Sainte-Marie de Madagascar au Muséum de Paris, en 1829, par

[1] DUMÉRIL et BIBRON, *Erpétologie générale*, t. II, 1835, p. 405. — [2] GRAY, *Synopsis Reptilium*, 1831, p. 37.

MM. Quoy et Gaimard[1] et qui y existe encore en parfait état, conservé dans l'alcool[2].

Dans un lot important de Sternothères vivants qu'a rapportés de Madagascar au Muséum M. Humblot en 1891, l'un de nous a remarqué avec Desquez, alors commis de la ménagerie des Reptiles, qu'on y pouvait distinguer deux groupes d'après la disposition des couleurs de l'iris, qui était, chez les uns, uniformément brun, tandis que, chez les autres, l'orifice pupillaire était cerclé de blanc argenté; or les premiers avaient les caractères du *Sternothœrus subniger* Lacépède, et les seconds celui du *Sternothœrus castaneus* Schweigger, comme le montre le dessin fait d'après le vivant que nous reproduisons[3]. Des observations ultérieures infirment la valeur de cette distinction, car il y a en ce moment à la ménagerie des Reptiles du Muséum un Sternothère de Madagascar, qui a le sternum

[1] En vérité, c'est à Gaimard seul qu'on en est redevable, l'*Astrolabe* n'ayant jamais touché à Madagascar. Par suite de son état de santé, Gaimard fut débarqué et laissé à Bourbon; en effet, dans le récit du voyage par Dumont d'Urville, tome V, 1833, p. 537, on lit : «M. Gaimard est très malade à terre (22 novembre 1828); j'ai retardé l'appareillage dans l'espoir, que M. Quoy m'a donné, que M. Gaimard pourra bientôt se trouver en état de rejoindre le bord», et plus loin (p. 538) : «M. Gaimard se trouvant plus souffrant et s'étant décidé à attendre le passage de la «Bayonnaise» à Bourbon pour opérer son retour en France, je ne juge pas à propos de prolonger mon séjour dans cette île (23 novembre 1828).» D'autre part, dans un extrait du journal de Gaimard, nous trouvons au même tome, p. 675 : «Je fis avec la «Bayonnaise» une courte relâche à Madagascar [à l'île de Sainte-Marie], au Cap de Bonne Espérance, à St-Helène et à l'Ascension... Je crois devoir signaler un fait assez curieux dont je fus témoin dans une de ces îles. A Madagascar, je vis dans une cabane bien misérable un jeune Malgache qui lisait Horace; il se nomme Mandihi-tsara (beau danseur) et a été élevé près de Paris chez M. Morin, à Fontenay-aux-roses [a]. MM. Schoël, le commandant de l'île de Sainte-Marie en 1828 et 1829, et le Dr Paul Ackermann nous accueillirent on ne peut mieux, et ce dernier me fit présent d'un grand nombre d'Oiseaux, de Poissons, etc., pour le Cabinet d'Histoire naturelle de Paris.» C'est certainement dans ce lot d'animaux que se trouvait notre Sternothère, le jeune *Testudo hyniphora*, dont il a été question plus haut (p. 43), et peut-être le *Testudo geometrica*(?) signalé p. 29 (note).

[2] Sous le numéro individuel 4138 et sous le n° 712 du catalogue systématique.

[3] Voir pl. 18-19.

[a] Ce Mandihitsara est un prince betsimisarakă, fils du chef Tsifanahÿ, qui est venu en France sous le règne de Louis XV et qui a vécu et est mort en effet dans le village de l'île de Sainte-Marie qui porte aujourd'hui son nom et qui est à 17 kilomètres environ au N. de l'îlot Madame.

contracté à l'origine de son lobe postérieur et dont l'iris est brun avec l'orifice pupillaire cerclé de blanc. C'est une question que des naturalistes résidant sur les lieux auront à étudier sur un plus grand nombre d'individus; il serait d'ailleurs intéressant de savoir si la couleur de l'iris, et particulièrement la présence de ce cercle pupillaire que présentent un grand nombre de Reptiles, particulièrement dans le groupe des *Lacertilia*, offre des variations individuelles.

Pour les auteurs de l'*Erpétologie générale*, la valeur spécifique des *Sternothærus nigricans* et *St. castaneus* ne paraît faire aucun doute et le caractère spécial, qu'ils donnent dans leur tableau synoptique des espèces, est[1] :

$$\text{Sternum en arrière des ailes :} \begin{cases} \text{fortement contracté. S. noirâtre.} \\ \text{rectiligne} \dots \dots \text{S. marron.} \end{cases}$$

Dans le texte descriptif, ils y insistent d'ailleurs : «Chez le Sternothère Noirâtre, le plastron offre un rétrécissement à l'endroit où les plaques abdominales s'articulent avec les fémorales, ce qu'on n'observe ni chez le Sternothère Noir, ni chez le Sternothère Marron[2]», et plus loin à propos de ce dernier : «Le sternum n'offre point d'étranglement à l'endroit où les écailles abdominales s'unissent[3]». Au reste, la figure que nous donnons d'après les types[4] fait ressortir mieux que toute description le caractère invoqué par C. Duméril et son collaborateur.

En résumé, dans l'état actuel de nos connaissances, des raisons valables peuvent être invoquées en faveur de la distinction spécifique des deux types admis par Schweigger, qu'il avait désignés sous les noms d'*Emys castanea* et d'*Emys subnigra*, distinction que, jusqu'à nouvel ordre, il paraît utile de conserver.

Les Sternothères sont communs dans les marais et les cours d'eau de Madagascar, surtout dans l'Est et dans le Centre de l'île.

Les noms malgaches sont *Kapikä* [litt. : qui s'ouvre et se ferme comme une boîte avec un couvercle], *Sokaträ* [litt. : qui s'ouvre] ou *Sokakä*,

---

[1] Duméril et Bibron, *Erpétologie générale*, t. II, 1835, p. 400. — [2] *Ibid.*, p. 405. — [3] Pl. 19ᵃ, fig. 1 et 2. — [4] Pl. 18-19.

IMPRIMERIE NATIONALE.

Hily[1] [litt. : qui se ferme] ; celui de *Kapikă* est usité dans l'Ouest, celui de *Sokatră* surtout dans le Centre et dans le Nord, et celui de *Sokakă* chez les Betsimisarakă du Nord, chez les Betsileo et chez les Sakalavă. Sa chair, dit Bernier en 1834[2], est excellente(!).

GENRE ERYMNOCHELYS Baur.

Dumerilia Grandidier, Liste des Reptiles nouveaux découverts en 1866 sur la côte Sud-Ouest de Madagascar, *Rev. et Mag. de Zool.*, juillet 1867, p. 232 (nec Leach 1824).
   et Un voyage scientifique à Madagascar, *Rec. scientif.*, mai 1872, p. 1084-1085.
Dumerilia Gray, *Suppl. Catal. Shield Reptiles*, t. I, 1870, p. 82, et *Ann. and Mag. Nat. hist.*, t. XI, 1873, p. 149.
Erymnochelys Baur, *Zoologischen Anzeiger*, 1888, p. 421.
Podocnemis Boulenger, *Catalogue of the Chelonians, etc.*, 1889, p. 200.

La découverte à Madagascar de ce singulier Chélonien, qui est très voisin d'espèces sud-américaines, est certainement l'une des plus inattendues pour la faune de cette grande île et est des plus intéressantes au point de vue de la distribution géographique des animaux. A. Grandidier a fait connaître ce curieux animal sous le nom générique de Dumerilia ; mais, cette appellation ayant déjà été employée pour désigner deux genres d'Insectes, l'un dans l'ordre des Coléoptères par Leach en 1824, l'autre, en 1830, dans celui des Diptères par Robineau-Desvoidy, et Bocourt l'ayant appliquée, cette même année 1867, à un genre de Reptiles, conformément aux lois de la Nomenclature, Baur l'a changée en *Erymnochelys*[3], qui doit être adoptée.

A. Grandidier avait caractérisé ce genre de la manière suivante : " *Capite lato, depresso, non sulcato; oculis lateralibus; mandibulá robustá subuncinatá, non denticulatá. Scutis temporalibus magnis. Testá oblongá, curvatá, retro depressá. Scuto nuchali nullo. Pedibus maximè palmatis, anterioribus 5, posterioribusque 4-ungulatis. Pelle nudá, tuberculis sparsá; duobus*

---

[1] Flacourt dit (*Hist. de Madagascar*, 1661. p. 159) " qu'il y a une sorte de tortue de terre qui s'appelle *Hilintsora* [*Holin-*

tsokatră, litt. : peau (carapace) qui s'ouvre]".
[2] Bernier l'appelle *Socotch [Sokatră]*".
[3] Ἐρυμνός « fortifié ». χέλυς « tortue ».

cirrhis brevibus sub mento; pedibus posterioribus squamis duabus magnis, ro-
tundatis. Caudâ inunguiculatâ et superne cum squamis obliquis et lunaribus
in geminatâ serie. Ce genre se distingue du Peltocéphale par une tête
moins forte et une queue inonguiculée, des Podocnémides par des mâchoires puissantes et crochues et par la carapace non carénée. » Cette
diagnose comparative est très complète.

Aussi n'est-ce pas sans un certain étonnement qu'on a vu en 1889
M. Boulenger, dans son *Catalogue of the Chelonians*, réunir dans le genre
Podocnemis les Peltocephalus et l'Erymnochelys, opinion que M. Siebenrock a adoptée en 1893, quoiqu'il ait noté des caractères qui sont
certainement à l'encontre de cette manière de voir: ainsi, dit-il, « Boulenger, pour subdiviser son genre Podocnemis en deux groupes, s'appuie sur
la présence ou sur l'absence d'un sillon longitudinal sur le front, et sur
le rapport de l'os zygomatique et de l'os carré, qui sont séparés chez les
premiers et en continuité chez les seconds. ceux-là correspondant aux
Podocnemis de Duméril et Bibron, ceux-ci aux Peltocephalus et à l'Erymnochelys ».

Si le premier de ces caractères peut, à la rigueur, être regardé comme
secondaire, il n'en est pas de même pour l'autre que M. Boulenger in-
voque plusieurs fois dans l'étude des *Testudinidæ* pour distinguer, et
même en s'appuyant sur lui seul, des genres voisins parmi les Émydes :
Emys et Cistudo, Nicoria et Cyclemys, etc. Quant à la distinction à établir
entre le Peltocephalus et l'Erymnochelys, A. Grandidier a déjà indiqué la différence frappante dans la force de la tête et dans la queue
qui est onguiculée chez le premier et non chez le second; on pourrait
y joindre la forme de la dossière qui est convexe chez le *Peltocephalus
tracaxa* Spix, et déprimée chez l'*Erymnochelys madagascariensis* Grandidier. Enfin, d'après M. Siebenrock. qui a étudié les nombreux exemplaires rapportés de l'Ouest de Madagascar par M. Voeltzkow, ce dernier
Chélonien n'a que six pièces neurales, tandis que toutes les espèces sud-
américaines, et par conséquent le *Peltocephalus tracaxa*, en ont sept. Ces
caractères différentiels sont certainement suffisants pour justifier l'opinion
de Grandidier, de Baur et des anciens naturalistes qui regardent les trois

genres comme distincts: le tableau synoptique suivant en rappellera les
caractères les plus objectifs :

<pre>
SILLON   (distinct................. Podocnemis Wagler.
longitudinal {   (onguiculée.... Peltocephalus Dum. et Bib.
frontal :   (nul. — Queue { non onguiculée. Erymnochelys Baur.
</pre>

ERYMNOCHELYS MADAGASCARIENSIS Grandidier.

(Pl. 22-23, 24-25, 26 et 27.)

Dumerilia madagascariensis A. Grandidier, Liste des Reptiles nouveaux découverts en 1866
sur la côte Sud-Ouest de Madagascar, *Rev. et Mag. de Zoologie*, juillet 1867, p. 232.

Dumerilia madagascariensis Peters, Über die von Hildebrand auf N. W. Madagascar (de la
région de Beravină [17°10′]) gesammelten Amphibien, *Monastb. Akad. Berlin*, 1880,
p. 509.

Erymnochelys madagascariensis Baur, *Zoologischen Anzeiger*, 1888, p. 421.

Podocnemis madagascariensis Boulenger, *Catalogue of the Chelonians, etc.*, 1889, p. 205.

Podocnemis madagascariensis Voeltzkow, Die Bildung der Keimblätter von « Podocnemis
madagascariensis » Grandidier, *Abhandl. herausg. v. d. Senckenberg. Naturf. Gesellsch.*, t. XXVI,
1902, p. 275-310, avec 8 figures dans le texte et 4 pl., XXVI-XXIX (embryogénie).

Podocnemis madagascariensis Siebenrock, Zur Gattung « Podocnemis », *Sitzungsber. der
Math. – Naturw. Classe der Akad. Wissensch. zu Wien*, t. CXI, 1re partie, 1902, p. 168-
169 et pl., fig. 5, et Schildkröten von Madagaskar und Aldabra, *Abhandl. Senckenberg.
Nat. Ges.*, t. XXVII, 1903, p. 257.

Les détails que nous venons de donner sur le genre Erymnochelys
Baur (= Dumerilia Grandidier) nous laissent peu à ajouter sur l'espèce
unique qu'il comprend, l'*Erymnochelys madagascariensis* Grandidier. Les
renseignements sur la coloration qui ont été donnés par A. Grandidier
d'après le vivant (*Capite brunneo, aurantio-flavido vermiculato; collo pedi-
busque nigrescentibus. Testá supra brunneá minutissimis punctis aurantiis dis-
tinctá, subtus rubro-brunneá partito-flavá*), et que confirment les dessins
faits d'après l'un des individus qui ont vécu pendant plusieurs mois à la
ménagerie du Muséum[1], complètent les caractères morphologiques dont
il a été question précédemment. Nous y ajouterons quelques remarques
sur la constitution de la partie cervicale du rachis et sur le tube digestif.

[1] Pl. 22-23 et 24-25.

En ce qui concerne le premier point, l'ERYMNOCHELYS donne un exemple parfait de la disposition de cette portion de la colonne vertébrale chez les *PLEURODERINEA* de la famille des *PELOMEDUSIDÆ* : la seconde vertèbre seule est amphicyrtienne[1], les apophyses transverses sont notablement développées, quoiqu'un peu moins sur la septième et la huitième, comme chez le *Sternothærus castaneus;* il est à remarquer toutefois que, chez l'ERYMNO-CHELYS, les quatre pièces qui constituent la première vertèbre atloïdo-odontoïdienne conservent une trace de l'indépendance qu'elles ont chez les tortues cryptodères, car on y distingue des sutures, quoique les pièces ne puissent se détacher, s'isoler comme elles le font si facilement chez ces dernières : M. Boulenger fait cette même remarque à propos des PODOCNEMIS[2].

Quant au tube digestif, il est plus compliqué qu'on ne pouvait s'y attendre. L'œsophage[3] et l'estomac[4] n'offrent rien de spécial à noter et il en est de même en ce qui concerne l'intestin grêle[5], mais, là où il se réunit au gros intestin, ce dernier a une portion dilatée à laquelle fait suite une portion tubuleuse rétrécie, et il se termine par une dilatation ampulliforme[6] avant de déboucher dans le cloaque avec les organes reproducteurs[7] (qui dans la figure sont les canaux déférents et l'organe copulateur) et avec la vessie urinaire[8]. Ces dilatations sont-elles normales ou seulement accidentelles, c'est ce dont il est assez difficile de juger d'après une dissection unique; le fait mérite d'attirer l'attention des personnes qui auront l'occasion d'étudier ces animaux sur le vivant et de se rendre compte de leur régime, ou d'examiner le contenu de leur tube digestif : à la ménagerie, on ne leur a offert que de la viande comme aux autres tortues aquatiques du groupe des Émydes.

M. Voeltzkow a fait du développement de l'œuf de cette tortue une étude détaillée qu'accompagnent quatre planches qui en montrent l'embryogénie.

[1] Pl. 26, 1, D. — [2] BOULENGER. *Catal. Chel.*, 1889, p. 188. — [3] Pl. 27, A. — [4] Pl. 27, B. — [5] Pl. 27, C, C. — [6] Pl. 27, D. — [7] Pl. 27, E. — [8] Pl. 27, F.

MADAGASCAR.

ERYMNOCHELYS MADAGASCARIENSIS Grandidier.

(Dimensions principales de la carapace, d'après quatre individus de la collection du Muséum [1].)

DÉSIGNATION.	688ᵃ.		688ᵇ.		688ᶜ.		96-681.	
	MILLI-MÈTRES.	P. 100.	MILLI-MÈTRES.	P. 100.	MILLI-MÈTRES.	P. 100.	MILLI-MÈTRES.	P. 100.
Distance nucho-suscaudale, en ligne directe....................	314	2.57	280	2.41	460	2.78	295	2.34
Distance nucho-suscaudale, en suivant la courbure	340	2.68	308	2.65	488	2.95	325	2.57
Hauteur de la carapace au-dessus du plan de repos..............	126	1.00	116	1.00	165	1.00	126	1.00
Plus grande largeur de la dossière.	224	1.77	206	1.77	327	1.98	217	1.72
Plastron : longueur gulo-anale....	280	2.22	250	2.15	382	2.31	280	2.22

L'*Erymnochelys madagascariensis* habite les rivières et les lacs de la région occidentale, de la baie d'Ampasindavǎ à la baie de Saint-Augustin, jusqu'au pied du grand massif central et même dans certains cours d'eau du versant Ouest de ce massif, d'où A. Grandidier en a rapporté de nombreux exemplaires, plusieurs d'au delà d'Antongodrahojǎ; et M. Voeltzkow, à qui l'on doit d'intéressantes observations sur l'œuf et le développement de ce Chélonien [2], n'en a pas recueilli moins de soixante dont la taille varie de 8 à 38 centimètres; M. T. Waters en a trouvé, en 1878, plusieurs individus dans le Sud-Est du pays Betsileo [3].

Le *Réré* ou *Réréhў*, comme l'appellent les Sakalavǎ, mange des poissons et des mollusques; Grevé en a cependant nourri deux pendant six mois avec du maïs trempé. Pendant la saison sèche, beaucoup s'enfouissent dans la vase et, à cette époque, il est assez difficile de s'en procurer: ce n'est que vers le mois de novembre qu'elles recommencent à se montrer.

[1] Les trois premiers exemplaires sont désignés par le numéro du Catalogue systématique et le quatrième par le numéro du Répertoire du Muséum de Paris.

[2] Die Bildung der Keimblätter von *Podocnemis madagascariensis* Grandidier (*Abhandl. herausg. v. d. Senckenberg. Naturforsch. Gesellsch.*, t. XXVI, p. 275-310, avec pl.).

[3] BOULENGER, *Catalogue of Chelonians*, etc., 1889, p. 205.

La chair en est fort bonne[1]. Elle est *falÿ*, tabouée, pour les Antalaotră, descendants d'Arabes et de femmes malgaches qui habitent le Nord-Ouest.

SOUS-TRIBU : PHANERODERINEA

(THALASSITES).

A la liste des Chéloniens terrestres de Madagascar, nous devons ajouter quatre espèces de Tortues marines, qui se rencontrent sur ses côtes en grande abondance et qui ont de l'importance au point de vue de l'alimentation et de l'industrie, mais, comme elles existent dans toutes les mers tropicales, accidentellement même dans les mers tempérées, nous ne donnerons que quelques notions zoologiques générales à leur sujet.

1° CHELONIA MYDAS [LA TORTUE FRANCHE] Linné, *Syst. Naturæ*, 1758, p. 197.

TESTUDO VIRIDIS Schneider, *Allg. naturg. Schildkröten*, 1783, p. 299.

CHELONIA MYDAS Peters, *Reise nach Mossambique, Zool.*, t. III, 1882, *Amphibien*, p. 18-19.

CHELONE VIRIDIS Voeltzkow, Reisen in Madagaskar, *Abhandl. der Senckenbergischen Naturf. Gesellsch.*, t. XXI, 1897, p. 34-35 et 62 et pl. VII.

2° CHELONIA IMBRICATA [LE CARET OU LA TORTUE À ÉCAILLE] Linné, *Systema Naturæ*, XII° édit, 1766, p. 350 (pro parte).

CHELONIA IMBRICATA Peters, *Reise nach Mossambique, Zool.*, t. III, 1882, *Amphibien*, p. 17-18.

CHELONIA IMBRICATA Pollen, les Pêches à Madagascar, in : *Recherches sur la faune de Madagascar* (à la fin de l'*Hist. natur. des Poissons* par Bleeker), 1877, p. 2-3.

CHELONE IMBRICATA Voeltzkow, Reisen in Madagaskar, *Abhandl. d. Senckenb. Naturf. Gesellsch.*, t. XXI, 1897, p. 34-35 et 63, et t. XXVII, oct. 1903 (Gesichtsbildung und Entwicklung der aüsseren Körperform bei «Chelone imbricata»), p. 181-190 et pl. XXVII(*pro parte*)-XXIX (embryogénie).

[1]. M. Le Barbier dit à tort que ces tortues ne sont pas comestibles, vivant dans des flaques d'eau et des mares où elles se nourrissent de toutes sortes de détritus et de vase : il les confond certainement avec les Sternothères dont il parle cependant sous le nom de «Sokaka» (*Ann. Inst. colon. de Marseille*, 2° série, t. VI, 1908, p. 8), car les *réré* vivent dans les rivières et dans les lacs dont l'eau est pure.

3° Thalassochelys caretta [La Caouanne] Linné, *Systema Naturæ*, 1758, p. 197.

Chelona niger Pollen, Les Pêches à Madagascar, in : *Recherches sur la faune de Madagascar* (à la fin de l'*Hist. nat. des Poissons* par Bleeker), 1877, p. 27 et 70.

4° Dermochelys coriacea [La Tortue luth] Linné, *Systema Naturæ*, édit. Gmelin, 1789, p. 1036.

Dermochelys coriacea Voeltzkow, Reisen in Madagaskar. *Abhandl. d. Senckenb. Naturf. Gesellsch.*, t. XXI, p. 34-35 et 63.

Lorsque la classification des animaux n'était établie que d'après les caractères morphologiques, ces trois genres étaient déjà regardés comme formant une subdivision de l'Ordre des *Chéloniens* sous le nom de *Thalassites* ou Tortues de mer, ayant pour caractère distinctif la conformation de leurs membres, surtout des membres antérieurs, qui ont bien, comme les *Chersites* ou Tortues de terre, les doigts immobiles, cachés sous une peau épaisse, mais, contrairement à ceux-ci, très allongés et formant une palette rigide, aplatie, véritable rame qui leur permet de nager avec facilité et rapidité, de voler, pour ainsi dire, à travers les eaux de la mer. Aujourd'hui, malgré le progrès des études zoologiques et quoiqu'on conçoive autrement les rapports naturels des Chéloniens, les *Thalassites*, qui ont entre eux des rapports intimes, forment toujours un groupe tout à fait naturel, dans lequel on peut, sans doute, distinguer deux divisions assez tranchées pour qu'on y ait établi deux familles, celle des *Chelonidæ* et celle des *Sphargidæ*, mais c'est aller trop loin que de regarder cette dernière comme devant former à elle seule un sous-ordre à part, celui des *Athecæ*, opposé en quelque sorte à tout le reste des Chéloniens[1].

Pour résumer en peu de mots les caractères de chacune de ces familles, nous rappellerons brièvement qu'elles renferment, l'une et l'autre, des animaux essentiellement aquatiques et marins, ne venant à terre que pour

[1] Voir l'Essai sur la classification générale des Chéloniens, par Léon Vaillant (*Annales des Sciences naturelles. Zoologie*, 8ᵉ série, t. XVI, 1894, p. 331-345).

la ponte, ce qui explique pourquoi certaines espèces, le *Dermochelys coriacea* Linné en particulier, ne sont connues que très jeunes, sortant de l'œuf, ou tout à fait adultes, lorsque leur carapace mesure déjà un à deux mètres et plus. Ce sont des Chéloniens absolument phanérodères, leur cou étant aussi peu rétractile que possible et ne permettant pas à la tête de s'abriter sous la carapace. On peut ajouter que cette carapace est très aplatie. Tous ces caractères joints à la disposition des membres antérieurs, dont il a été question plus haut, donnent à ces animaux un aspect très spécial parmi les autres Chéloniens.

Quant aux deux familles qu'il convient d'y distinger, les diagnoses suivantes permettront de le faire facilement :

Famille *Chelonidæ*. — La carapace est couverte d'écailles épidermiques, plus ou moins épaisses; les vertèbres cervicales sont courtes, articulées par amphiarthroses peu mobiles; les pattes portent un ou deux ongles.

Famille *Sphargidæ*. — La carapace est constituée par une multitude de petites pièces osseuses en mosaïque, solidement articulées les unes aux autres, formant une dossière relevée de côtes ou arêtes longitudinales au nombre de cinq ou sept; le plastron beaucoup plus rudimentaire est réduit à des pièces osseuses espacées, faiblement articulées entre elles, ne formant pas une véritable armure protectrice pour la partie inférieure du corps; les pattes ne portent pas de traces d'ongles.

On trouvera au tableau synoptique des genres de Chéloniens de Madagascar la distinction des deux genres Chelonia Brongniart et Thalassochelys Fitzinger[1], tirée d'un caractère très objectif, c'est-à-dire de la différence de nombre entre les plaques épidermiques du disque de la dossière, les plaques costales étant au nombre de quatre de chaque côté chez les premiers, tandis qu'il y en a cinq chez les seconds; d'ailleurs ce nombre chez le *Thalassochelys caretta* Linné présente des variations individuelles nombreuses.

Nous terminerons cette analyse taxinomique en indiquant, sous forme

[1] Voir p. 28.

de tableau, la diagnose des deux espèces qui composent le genre CHE-
LONIA :

```
Plaques
épidermiques  ( juxtaposées........................  CH. MYDAS Linné.
   de la      ( imbriquées........................  CH. IMBRICATA Linné.
 dossière :
```

En ce qui concerne cette dernière espèce, qu'il est important de bien
reconnaître puisque, de toutes les Tortues de mer, elle est celle dont
l'écaille est la plus belle et la plus recherchée pour l'industrie, il est bon de
remarquer que, chez les animaux tout à fait adultes, les écailles chevauchent parfois si peu les unes sur les autres qu'on peut éprouver quelque
embarras à en reconnaître la disposition imbriquée. Dans ce cas, d'autres
caractères aident à la détermination : chez le *Chelonia imbricata*, le
museau est comprimé, la mâchoire est crochue, le bord marginal de la
carapace est plus ou moins fortement denté en scie, surtout en arrière,
tandis que, chez le *Chelonia mydas*, le museau est court et arrondi, la
mâchoire n'est pas crochue et le bord marginal de la carapace n'est pas
sensiblement denté en scie.

Le nom générique à Madagascar des Thalassites ou Tortues marines est
Fanö et, lorsqu'elles sont de grande taille, *Fanö fandrantö* [litt. : «Fano
dont on fait commerce] : les chélonées franches ou *Chelonia mydas* s'appellent *Fanonjatö*, les chélonées imbriquées ou *Chelonia imbricata* (les carets
ou tortues à écailles), *Fanoharä*, les chélonées caouannes ou *Thalassochelys
caretta*, *Ampombö* ou *Tsiasarä*, et les Tortues luths ou *Sphargis, Dermochelys coriacea, Valo-zorö* [litt. : qui ont huit angles ou carènes[1]] ou *Rontö*.
Quelques-unes de ces tortues atteignent une grande dimension; M. Walen
en a mesuré qui avaient plus de 2 m. 50 de long sur 0 m. 80 de large.

Tous ces Chéloniens sont, on le sait, de parfaits nageurs et s'éloignent
souvent de la terre de plusieurs centaines de lieues, mais, à l'époque de la
ponte, ils se rapprochent des côtes. A Madagascar, c'est surtout sur la côte
occidentale et sur les côtes Nord-Ouest et Nord-Est, où abondent les baies,

---

[1] En réalité la carapace de la *Sphargis* n'a que sept carènes longitudinales.

les criques, les plages sinueuses et les îles madréporiques [1], qu'il y en a un grand nombre, car ces animaux ne recherchent pas les rivages plats, rectilignes, battus incessamment par la houle, comme ceux de la côte orientale qui sont mal disposés pour recevoir leurs pontes. C'est du mois de septembre au mois de février, surtout de novembre à janvier, qu'ils viennent à terre. Toutefois, ils opèrent une reconnaissance préliminaire de la plage où ils ont l'intention de déposer leurs œufs; douze à quinze jours après, dit-on dans l'Est, le lendemain au soir, dit-on dans l'Ouest, ils y reviennent à la marée montante et, à une cinquantaine de mètres de la mer, au delà de la limite des plus hautes eaux, quelquefois en pleine brousse, ils creusent dans le sable, alternativement avec leurs nageoires de devant et celles de derrière, un trou de o m. 5o à o m. 75 de profondeur [2], où ils pondent leurs œufs, au nombre de 15o et plus [3], qu'ils recouvrent soigneusement de sable, le tassant fortement à coups de nageoires et même, selon le récit

[1] «Il y a des tortues tout autour de Madagascar, mais les carets ne se trouvent que dans l'Ouest, surtout aux abords des îles qui y sont éparses, et aussi dans le Nord-Est jusqu'à l'île Sainte-Marie; de là jusqu'à Fort Dauphin et au delà, on ne trouve que des tortues franches et peut-être des caouanes, mais pas de carets, qui, dans ces parages, ne trouvent pas à se nourrir à leur convenance» (MEGISER, *Beschreibung der Insul Madagascar*, 16o9, et *Coll. Ouvr. anc. Madagascar*, publiée par A. et G. GRANDIDIER, t. I, p. 448). — Le Rév. Père Luis Mariano dit, dans la Relation de son voyage de découverte à Madagascar en 1613-1614, que les tortues de mer abondent tout le long de la côte occidentale, notamment au Ménabé et aux îles Stériles, ainsi que dans le Nord-Ouest, dans la baie d'Ampasindavä et de Boinä (*Coll. Ouvr. anc. Madagascar*, t. II, p. 12 et 213, et t. III, p. 649, 655, 663 et 666). — «Il y a des tortues de mer prodigieusement grosses dont il y en a de trois espèces, savoir : la tortue franche, la couanne, qu'ils nomment *fanou* [*fanŏ*] et la tortue à belle écaille qu'on appelle en France Caret et à Madagascar *Ossincare* [*Holi-karanä* (litt. : carapace à écailles)]» (FLACOURT, *Histoire de la Grande Isle de Madagascar*, 1658, p. 169). — Le Rév. J. C. Hoffmann, qui a relâché en 1672 dans la baie de Saint-Augustin, y a acheté plusieurs de ces tortues (*Coll. Ouvr. anc. Madagascar*, t. III, p. 369).

[2] Quelques Malgaches disent que les tortues marines creusent non pas un seul trou, mais deux à côté l'un de l'autre.

[3] M. Douliot, qui a pris un caret sur la plage d'Ambozakä, à une dizaine de milles au nord de Tsimanandrafozanä, a trouvé dans son corps 14o œufs sphériques, gros comme des œufs de poule et revêtus d'une coque blanche, souple, facile à déchirer, qui étaient prêts à être pondus, et 1oo autres dont le jaune était tout formé, sans compter un nombre indéfini en voie de formation. Comme il admet trois ou quatre pontes, il estime à un millier le nombre d'œufs que pond annuellement chaque tortue (*Journ. de Voyage sur la côte S. O.,*

des indigènes, se soulevant sur leurs pattes et se laissant retomber dessus
de tout leur poids : ils nivellent si bien le sol où sont enfouis leurs œufs
qu'on a grande peine à découvrir la cachette, d'autant que, pour bien
masquer l'endroit où est leur précieux dépôt, ils marchent en zigzag sur
la grève, formant des dessins embrouillés au milieu desquels leur trace se
perd. Ils mettent environ deux heures à creuser le trou, y déposer leurs
œufs et le reboucher; ils s'en retournent alors à la mer, laissant le soleil
faire son œuvre. Quatorze à quinze jours après, suivant les uns, dix-sept
jours après, suivant d'autres, chaque tortue revient au même endroit
faire une seconde ponte, laquelle se compose encore de 150 œufs environ.
Quelquefois, affirment certains observateurs, il y a une troisième ponte,
et même, suivant M. Douliot, une quatrième, toujours à quatorze ou
quinze jours d'intervalle, mais ce dernier cas est certainement rare.
Quelques personnes prétendent que le caret pond le jour et la caouanne
la nuit; d'après d'autres, c'est seulement lorsque la température est très
chaude que les tortues pondent la nuit; en réalité, il ne semble pas qu'il
y ait à cet égard de règle absolue.

Après une vingtaine de jours d'incubation, les jeunes tortues brisent
leur coquille, soulèvent le sable et vont droit à la mer[1]; pendant cet
exode, beaucoup deviennent la proie des grands échassiers, et, une fois

1901-1902. p. 115-118). — D'après
Cauche (*Relation de voyage à Madagascar,*
1642), les tortues à écaille pondraient jusqu'à 500 ou 600 œufs, et, d'après Carpeau
du Saussaye (*Voyage à Madagascar en 1663,*
p. 81), seulement 300. — Quant à Th.
Herbert, qui, en se rendant en 1626 en Perse
avec l'ambassadeur d'Angleterre sir Dodmore
Cotton, a eu l'occasion de voir prendre quelques tortues de mer dans le canal de Mozambique, il dit : «Elles produisent une
quantité d'œufs incroyable, jusque-là que
nous en prîmes une qui en avait plus de
2,000 [!], ronds et d'un jaune pâle, mais
le feu ne les faisait jamais durcir quoiqu'on
les y mît quelquefois pendant plusieurs
heures» (*Coll. Ouvr. anc. Madagascar*, publiée
par A. et G. GRANDIDIER, t. II, p. 394).

[1] M. Douliot ajoute que, une fois à la
mer, elles se rendent tout droit, sans hé-
siter, sans qu'aucun guide les y dirige, aux
îles madréporiques qui sont sur la côte du
Ménabé. — D'après Carpeau du Saussaye
(*loc. cit.*), «après être venues pondre sur le
sable, dont elles couvrent leurs œufs avec
leur mufle, et s'en être retournées à la mer,
comme elles savent le temps précis au bout
duquel ils seront éclos, ce que cause la
seule ardeur du soleil, elles reviennent chacune à l'époque voulue chercher leurs petits
qu'elles emmènent après elles en mer; elles
opèrent toujours la nuit [!]».

dans la mer, elles ne sont pas encore toutes sauvées, car les requins, les pygargues, les cormorans et les oiseaux de mer ne se font pas faute d'en dévorer un grand nombre.

Les carets abondent autour des îles madréporiques de l'Ouest et du Nord-Ouest, sur lesquelles pullulent les mollusques, les crustacés, les zoophytes et les petits poissons dont ils se nourrissent aussi bien que de plantes marines; les caouannes mangent plutôt des varechs; aussi, quoique les Sakalavă soient extrêmement friands de la viande de toutes les espèces de tortues de mer, est-ce celle de la caouanne et celle de la tortue franche qui sont les meilleures et celles que les Européens estiment fort[1], la préférant à celle du caret, qui est également comestible, mais d'un goût moins fin, et qui parfois est malsaine, vénéneuse même lorsque l'animal a mangé certains zoophytes; toutefois, M. Douliot l'a trouvée «exquise». Quant aux œufs de tortues, ils sont tous excellents.

Les Malgaches prennent les tortues de deux manières : en les pêchant en mer avec leurs *lakampiară*, c'est-à-dire avec leurs pirogues à balancier, ou bien lorsqu'elles viennent pondre leurs œufs à terre; les pêcheurs s'appellent *mpivey lakană* ou piroguiers, en opposition aux *mpiambim-jiă* ou veilleurs de sable. C'est sur la côte Ouest que la pêche aux tortues est surtout en honneur : les Sakalavă qui sont, comme l'on sait, de bons et hardis marins et qui, de temps immémorial, se livrent à cette pêche avec passion, y excellent[2]: c'est tout à la fois pour eux un sport amusant et une industrie lucrative; ils prennent aussi, à l'occasion, les individus qu'ils

---

[1] En 1626, Th. Herbert, qui était, comme nous l'avons dit plus haut. de la suite de l'ambassadeur d'Angleterre en Perse, sir Dodmore Cotton, et qui a eu l'occasion de voir prendre quelques tortues de mer dans le canal de Mozambique, n'est pas de cet avis, car il dit : «Nous en prîmes quelques-unes plutôt par divertissement et par curiosité que pour en manger, parce qu'en effet le goût en est mauvais, qu'elles sentent le marécage et que leur chair donne le flux de ventre. Il y a des gens qui en mangent la viande, si l'on peut parler ainsi de ce qui ne vit pour ainsi dire que dans la mer, mais, quoique je ne sois pas juif et que ma religion ne me défende pas de manger de cette sorte de viande, j'avoue que je n'en suis pas friand et qu'à moins d'une faim extrême il ne m'en coûterait pas de m'en abstenir» (*Coll. Ouvr. anc. Madagascar*, publiée par A. et G. GRANDIDIER, t. II, p. 394).

[2] Déjà, en 1609, Megiser parle de la pêche aux tortues de mer à laquelle les

trouvent par hasard sur les plages, mais c'est surtout sur la côte Nord-Est
que les tortues sont capturées à terre, car, si les Sakalavă peuvent se livrer
sans danger à la navigation sur la côte Ouest et sur la côte Nord-Ouest
où la mer est assez souvent calme [1] et où se trouvent de nombreux ilots
et beaucoup de criques et de rades, il n'en est pas de même dans l'Est,
où la mer est souvent houleuse et où, dans leurs pirogues primitives,
les indigènes ne pourraient voguer au loin à l'aventure comme dans
l'Ouest.

Les Vezŏ, ou Sakalavă de la côte occidentale de Madagascar, ne crai-
gnent pas, en effet, d'aller en quête de tortues loin de terre [2], quoique le
plus souvent ils s'en écartent peu. Ils naviguent dans des *lakampiarǎ* ou
pirogues à balancier, embarcations fines, élégantes et rapides, qui portent
bien la voile et qui se manœuvrent à merveille à la pagaye; ils ne sont jamais que deux par pirogue, l'un à l'arrière qui gouverne, l'autre à l'avant
qui, l'œil fixe, sans se lasser ni de la longueur de l'attente ni du scintil-
lement aveuglant du soleil à la surface de la mer, surveille attentivement
l'horizon et se tient prêt à harponner dès que l'occasion se présente. C'est
avec un harpon crochu (*fondakă*) [3], emmanché au bout d'une perche en
bois dur (*teză*), d'environ 2 à 3 mètres, et attaché à la main du pêcheur

---

Malgaches se livrent avec ardeur (*Beschreibung der Insul Madagascar et Coll. Ouvr. anc.
Madag.*, publiée par A. et G. GRANDIDIER,
t. I, p. 448). Mayeur, qui a visité en 1775
l'Ankarană, la province la plus septentrionale
de Madagascar, en parle aussi (Voy. dans le
N. de Madag., *copie Bibl. Grandidier*, p. 52-
53). et. en 1792, Dumaine dit de même :
«Les Sakalavă de l'Ancara [de l'Ankarană],
de l'île Nosse [de Nosy bé] et de l'Ankouală
[de la côte Nord-Ouest] font la pêche du caret
sur cette côte ainsi qu'aux petites îles en-
vironnantes, et ils en vendent l'écaille aux
Arabes de Mouzangaye [Majunga] qui viennent la leur acheter en échange des marchandises de Surate que leur confient les
négociants maures» (Idée de la côte occi-

dentale de Madagascar, *Ann. des Voy. de
Malte-Brun*, t. XI, 1810, p. 22).

[1] Dans ces parages, la mer est surtout
calme d'août à décembre; c'est alors la vraie
saison de la pêche.

[2] Les Antifiherenană vont souvent
jusqu'à l'île Europa, qui est à 250 kilomètres de Madagascar et où beaucoup de
tortues, notamment des carets, viennent
pondre leurs œufs sur la plage. Après s'en
être emparés, ils les renversent sur le dos
et les ligotent, les amarrent fortement,
puis ils les ramènent à leur village en les
remorquant à l'arrière de leurs pirogues.

[3] Ce harpon est formé d'une tige de
fer droite, très pointue, portant, sur les
côtés, soit un, soit deux crochets.

par une forte cordelette de 150 à 200 mètres de long, qu'ils pêchent les
tortues. Ils partent en quête de bon matin, lorsque la mer est calme et
qu'ils ont chance d'en rencontrer, faisant leur petit somme au soleil le-
vant; dès qu'ils en aperçoivent une, ils manœuvrent sans faire de bruit,
tâchant de s'approcher d'elle sans attirer son attention, car, si elle vient
à s'éveiller, elle s'enfonce de suite dans l'eau; quand la bête est à por-
tée, le harponneur, qui est debout à l'avant de la pirogue, lance avec
force son arme, soit près de la tête, soit près de la queue, si c'est un
caret, car, dans ce cas, il ne faut pas endommager les écailles latérales
qui sont celles qui ont le plus de valeur, puis il lâche la corde qui tient le
harpon, car la tortue blessée plonge d'ordinaire à pic, et, si on ne filait
pas la corde, elle aurait vite fait de se débarrasser du harpon et on la per-
drait; quand la corde n'est pas assez longue, dit le Rév. Walen, l'homme
qui la tient plonge à son tour sans la quitter, suivant à distance la tortue
sous mer, tant qu'il plaît à celle-ci de s'enfoncer dans l'eau : dès qu'elle remonte, ce qui ne tarde jamais beaucoup, il revient à la surface sans avoir
lâché la corde; les Sakalavă Vezŏ, c'est-à-dire ceux qui habitent le bord
de la mer, sont en effet d'excellents nageurs et des plongeurs émérites [1].

[1] Le capitaine Dampier, dans le récit
de son voyage autour du monde en 1684,
dit : «Les indigènes de la côte de Natal
emploient quelquefois le moyen suivant
pour s'emparer des tortues de mer : ils
prennent un de ces petits poissons nommés
«Rémoras» [que les Malgaches appellent
Ambŷ] et, après lui avoir attaché deux cordelettes, l'une à la tête, qui porte une ven-
touse, et l'autre à la queue, ils le jettent
là où il y a de jeunes tortues; dès qu'ils
s'aperçoivent que ce poisson s'est collé sur
l'une d'elles, ce qu'il ne manque pas de
faire assez rapidement, ils le halent et la
tortue vient avec lui. On m'a dit que les
Malgaches emploient ce même moyen»
(*A New Voyage round the World*, 1699. et
Coll. Ouvr. anc. Madagascar, publiée par A.

et G. GRANDIDIER, t. V, p. 525-526). Cette
pêche au «Rémora», dont avait déjà parlé
quelques années auparavant le capitaine
Middleton, a été rééditée par Commerson
en 1770 et par Pollen en 1877 (Les Pêches
de Madagascar. in : *Recherches sur la faune
de Madagascar*, à la fin de l'*Hist. Natur. des
Poissons* par BLEEKER, 1877. p. 2-3), et,
dans un manuscrit tout récent qu'a traduit
le Rév. James Will (*Ant. Ann.*, 1897, p. 123),
un indigène affirme aussi que «les *Ambŷ*
[ou Rémoras] sont employés dans le N. O.
pour pêcher les poissons ainsi que les *fano-
harǎ* ou tortues à écaille auxquelles ils aiment à s'attacher. Les gens du Sambiranŏ
(de la baie d'Ampasindavă) les gardent dans
des cages en bois qu'ils laissent plongées dans
la mer, leur donnant à manger tous les jours».

Souvent, dans le Sud-Ouest, le harpon n'est pas fixé solidement au manche, auquel le relie une corde très longue; quand la tortue est piquée par le harpon, elle plonge et le manche qui s'en détache flotte à la surface de l'eau et permet aux pêcheurs de suivre les manœuvres de la tortue jusqu'au moment où, affaiblie par la perte de son sang, ils n'ont plus qu'à la haler et à s'en emparer.

Une fois la pirogue de retour à terre, tous les gens du village accourent et aident à transporter la tortue devant le *Rantsană*, ou autel consacré aux tortues, dont nous parlerons plus loin, car tous participeront à la fête qui, suivant les rites consacrés de temps immémorial, a toujours lieu dans l'Ouest pour célébrer la prise de l'une d'elles.

Quand les pêcheurs ne réussissent pas dans leurs expéditions, ils tirent le *sikilÿ* pour savoir comment détourner les maléfices, cause de leur insuccès, car ils ne doutent pas que, s'ils n'ont pas pris de tortue, c'est qu'un mauvais sort, une influence maligne pèsent sur eux et entravent leur pêche, et ils exécutent scrupuleusement les ordonnances du *sikilÿ* qui, d'ordinaire, comportent la confection de certaines liqueurs magiques dont les deux *mpivey* ou piroguiers boivent une partie et dont le reste sert à asperger la pirogue, pendant qu'ils lui adressent une supplique et des exhortations.

Sur la côte Nord-Ouest, tout Antankarană qui possède une pirogue, dès que la saison de la pêche est venue, court sus aux tortues, atterrissant le soir sur un point quelconque de la côte, où il couche et s'alimente au petit bonheur, et reprenant sa course le lendemain, heureux partout avec sa pirogue, qui est pour lui ce que le cheval est pour l'Arabe.

Sur la côte Nord-Est, entre le cap d'Ambre et Vohémar[1], sur une longueur d'environ 150 kilomètres, les indigènes, quoiqu'ils s'adonnent surtout à la chasse aux tortues sur la plage, en pêchent quelquefois en mer, la nuit, par le procédé suivant : les pêcheurs, qui sont des Sakalavă ou des Antankarană, allument un grand feu dans une carapace

---

[1] La côte Nord-Est est fréquentée par les tortues de mer jusqu'à la baie d'Antongil, surtout aux abords des rivières Mahanarä (13° 55′ lat. Sud), et Lokohŏ (14° 25′ lat. Sud), et on en pourrait faire la pêche jusqu'au delà d'Antalabă (14° 55′ lat. Sud), mais les Betsimisarakă n'y sont pas adonnés, et la mer, du reste, n'y est guère favorable.

placée à l'avant de la pirogue et, parcourant les lieux que fréquentent les tortues, quand la flamme en a attiré une à leurs côtés, ils la harponnent[1]. Mais, d'ordinaire, sur cette côte. comme nous l'avons déjà dit, les indigènes ne prennent guère que les tortues qui viennent à terre pour pondre; les Onjatsÿ, ou descendants de marins arabes venus dans ces parages au ıx⁰ ou au x⁰ siècle, ne vont jamais pêcher en pleine mer, ils font le guet à l'époque de la ponte, ce sont des *mpiambin-jïa*, litt. : des veilleurs de sable, et, lorsque les tortues viennent sur la plage pour y déposer leurs œufs, ils s'en emparent. Il y a aussi des Sakalavă, qui habitaient autrefois cette côte et qui se sont exilés sur la côte Nord-Ouest ou bien à Nosy Mitsio pour échapper au despotisme des Merină, qui y reviennent vers juin ou juillet pour faire ce même métier. Ces *mpiambin-jia* se partagent d'un commun accord la côte Nord-Est et ont chacun leur petit domaine délimité, où le titulaire seul a le droit de prendre les tortues qui y viennent pendant la saison de la ponte; ceux qui violaient ce pacte étaient condamnés à une amende ou pillés, mais toute tortue nageant dans la mer, même à quelques mètres de la côte, appartient à qui la pêche.

Le veilleur passe plusieurs fois chaque jour et chaque nuit sur la plage qui lui est échue en partage; il a plusieurs cordelettes pendues à sa ceinture et, quand il trouve les traces d'une tortue, il fait un nœud à l'une de ces cordelettes après avoir marqué l'endroit; à toutes nouvelles traces qu'il découvre, il fait un nœud à une autre cordelette et, chaque jour, il ajoute un nœud au-dessous de ceux qui marquent ses découvertes successives; quand il en compte quatorze, c'est-à-dire quand il s'est passé quatorze jours depuis celui où il a constaté la venue de la tortue sur la plage. il s'installe auprès de l'endroit marqué et attend qu'elle revienne, ce qui ne manque presque jamais le quinzième ou le seizième jour après la première ponte, époque où elle viendra pondre de nouveau ; si elle n'a pas paru le dix-septième jour, qui est l'intervalle maximum entre deux pontes successives, il en conclut qu'elle a été prise ou bien que, par une

[1] D'après Bernier, 1834 (*Bull. de la Soc. géogr. comm. de Bordeaux*, 3 mai 1886, p. 260), qu'a copié M. Coignet dans son Rapport de 1864 sur la côte Nord-Est au Baron de Richemond (*Documents sur Madagascar*, 1867, p. 293).

rare exception, elle a choisi un autre emplacement. Ces *mpiambin-jia*, qui ne sont guère, du reste, qu'au nombre d'une trentaine, restent plusieurs mois hors de chez eux à faire ainsi le guet; il en est qui, dans une saison, prennent de quinze à vingt carets, dont la taille varie de o m. 3o à o m. 5o et qui donnent de 1 kilogramme à 1 kilogramme et demi d'écaille; d'ordinaire la moyenne est de dix, quelquefois ils n'en capturent pas plus de deux ou trois : la pêche en pirogue est plus sûre et plus lucrative, car on ne cite pas de *mpivey* qui n'en prenne au moins une dizaine dans sa saison de pêche. Une fois le caret renversé sur le dos et par suite hors d'état de fuir, on adresse à Dieu (Zanaharÿ) une action de grâces, on détache avec une hachette le plastron, qui n'a pas de valeur commerciale, et on enlève toute la chair que contient la carapace et qu'on mange. On met, comme dans l'Ouest, la carapace au-dessus d'un petit feu dont la chaleur fait lever les écailles, qu'on frotte avec de la graisse de la bête pour qu'elles ne se dessèchent pas; il en est qui l'enfouissent en terre ou dans la vase et attendent que la putréfaction ait détruit les fibres qui retiennent les écailles, lesquelles prennent alors plus de poids, mais au détriment de la qualité. Dans le Nord-Est, toute tortue qui a un nombre anormal d'écailles est rejetée à l'eau avec horreur.

Chaque fois qu'un Sakalavă de l'Ouest pêche une tortue, on la porte devant le *Rantsană* du maître de la pirogue avec laquelle elle a été prise, car chaque famille de Vezŏ, c'est-à-dire de pêcheurs, a sur la plage, au bord même de la mer et à proximité de son village, son *Rantsană*, simple haie de 2 à 3 mètres de long sur 2 mètres à 2 mètres 5o de haut, formée de quelques branches (*rantsană*) du palétuvier *Afiafÿ* (*Avicennia*), à laquelle on attache les têtes et on adosse les carapaces des tortues pêchées : c'est une sorte d'autel consacré aux tortues de mer[1]; puis on adresse une prière ou plutôt une action de grâces à Dieu pendant que, sous la tête de la bête, on fait brûler comme encens de l'écorce d'*hazondrangÿ* et qu'à

[1] Dans le Nord, c'est sur un *talatală*, sorte de tréteau ou d'étagère qui sert d'autel, qu'on dépose les carapaces des tortues prises. Lislet Geoffroy raconte qu'il a vu en 1815 à Ambatolilÿ, dans le port Louquez, e sur des *talatală* ou échafauds, une quarantaine de têtes de Tortues avec autant de carapaces, qui formaient comme un trophée».

petits coups de hachette on sépare le plastron de la carapace ; avec le premier sang qui s'écoule, on teint l'étrave, ou avant de la pirogue, qui, grâce à cette cérémonie, attirera, croient les Vezô, les tortues lors de leur prochaine pêche : lorsque la pirogue est à terre, cette étrave est recouverte d'une petite natte afin que l'onction sanglante soit à l'abri des intempéries ; on retire cette natte quand les pêcheurs reprennent la mer. La tête, les membres, les intestins de la tortue sont déposés soigneusement sur un lit de feuilles vertes ou *lafika* placé au pied du *Rantsana*.

Tous les habitants du village, ainsi que les étrangers de passage. ont le droit de prendre part au repas qui suit toujours la prise d'une tortue, mais il y a une foule de prescriptions à observer sous peine, si on les

RANTSANA [1].

Cliché de M. G. Julien.

viole, que les tortues abandonnent ces parages : on ne doit rien apporter au *Rantsana* du village, où l'on laisse son lamba et ses *aoly* ou amulettes ainsi que ses bijoux d'or ou d'argent ; les couteaux avec lesquels on dépèce la tortue, les vases dans lesquels on en cuit la viande, les plats de bois dans lesquels on sert les parts sont exclusivement réservés à ce seul usage et sont religieusement déposés sur un clayonnage ou *talatala*, auprès du *Rantsana*, ou bien dans la pirogue ; il faut faire bouillir la viande dans de l'eau de mer, sans mélange avec aucun condiment, et elle ne doit jamais être lavée, même si elle est tombée dans le sable : il est formellement interdit de la faire soit griller. soit rôtir, et on ne doit manger

[1] M. Voeltzkow a donné, dans les *Abhandl. herausg. von der Senckenberg. Naturf. Gesellschaft*, t. XXI, 1897, pl. VII, la photographie d'un de ces *Rantsana* qu'il a prise sur l'île Juan de Nova (*Reisen in Madagaskar*).

avec elle aucun autre aliment. Avant de prendre part au repas, chacun fait des ablutions. Le festin a lieu dehors, car, sinon tous les Sakalavă, du moins la plupart n'emportent jamais de viande de tortue dans leurs maisons[1]; ce sont la tête, le cœur, les poumons et le foie qui sont surtout taboués, et les femmes ne sont pas admises à manger le cœur ni les poumons. La graisse des Tortues de mer est utilisée par les Sakalavă comme médicament et aussi comme huile à brûler et pour graisser leurs armes. Le *tratră*, ou la viande attachée au plastron, revient de droit au *tompohazomanitră* ou chef de la famille de celui qui a pris la tortue, sous peine d'amende, et, si la pirogue n'appartient pas au pêcheur, celui-ci n'a droit qu'au bassin et c'est le maître de la pirogue qui a le reste de la bête. Si, pendant le dépeçage d'une femelle, des œufs viennent à tomber à terre, la pirogue est mise de côté, car on ne prendra plus jamais de tortues avec elle; il en serait de même si l'on emportait à la pêche des *antakă* (sorte de haricots malgaches) ou si l'on en cuisait dans les vases qui servent à faire bouillir la viande des tortues : il y a des pêcheurs qui arrachent tous les pieds de ces haricots qui se trouvent aux environs de leur maison.

Dans le Nord-Est, quand les Antankarană partent pour la pêche, ils sacrifient un coq blanc et adressent une invocation à Dieu, puis ils versent dans l'eau, comme nous l'avons dit plus haut, le suc de certaines plantes magiques qui doit forcer les tortues qui se trouvent aux alentours à quitter les profondeurs de la mer et à venir se montrer à la surface.

Toutes ces coutumes et interdictions sont des *lilindrazană*, des lois des ancêtres, auxquelles tous les Sakalavă se conforment religieusement, car, disent-ils, si nous ne les observions pas strictement, les tortues de mer déserteraient les parages de Madagascar. Toutefois, disons qu'un sacrifice, une offrande faite à Dieu peuvent racheter la transgression de ces lois et écarter la malédiction qui s'ensuivrait.

[1] Disons toutefois que les anciens usages se perdent et, aujourd'hui, les Sakalavă, devenus plus pratiques, fument ou sèchent au soleil, après l'avoir légèrement salée, une partie de la viande des tortues qu'ils pêchent. Jadis, il n'y avait que celles capturées sur la plage qu'on se permettait de traiter de cette façon.

Depuis longtemps, l'écaille fait l'objet d'un commerce assez important à Madagascar. En 1667, le P. Manuel Barreto cite l'écaille comme l'un des produits de la côte Sud-Est[1], et, en 1776, Benyowsky[2], en 1792, Dumaine[3] disent que les Sakalavă du Nord-Ouest vendaient de l'écaille aux Arabes.

Les carets fournissent en moyenne de deux à trois livres d'écaille chacun, quelquefois trois et demi et même quatre. Vers 1863, le Nord-Est, d'après M. Guinet, en produisait environ 3,000 kilogrammes que les Antalaotră, ou métis arabes de la côte Nord-Ouest, et les rares Européens qui fréquentaient alors cette côte achetaient au prix de 4o à 5o francs le kilogramme, ce qui correspondait à une valeur totale de 150,000 francs dans le pays et de 600,000 francs en Europe[4]. Aujourd'hui le prix moyen du kilogramme dans le Nord-Est est de 35 à 4o francs, montant à 5o francs pour l'écaille fine et descendant à 2o et même à 1o francs pour l'écaille défectueuse.

Dans l'Ouest (à Saint-Augustin), on payait en 1842 l'écaille le double de son poids en poudre de traite ou plutôt en poudre de mine[5], ce qui mettait le prix du kilogramme à 5 francs[6]. Plus tard, quand les Arabes de Zanzibar sont venus faire concurrence aux traitants créoles, on a dû la payer dix fois plus cher, soit 5o francs le kilogramme, les Arabes donnaient en effet un esclave en échange d'un caret, soit pour 1 kilogramme et demi à 2 kilogrammes et demi d'écaille. Depuis l'abaissement du prix de cette matière,

---

[1] *Collection des Ouvrages anciens concernant Madagascar*, publiée par A. et G. GRANDIDIER, t. III, p. 338.

[2] *Archives coloniales du Ministère des colonies, Correspondance de Madagascar.*

[3] Voir plus haut, p. 77-78, note 2.

[4] RICHEMOND, *Documents sur la Compagnie de Madagascar* : Rapport de M. Coignet de 1864, p. 293, et *Bull. Soc. Géogr. Paris*, sept. 1867, p. 293. — Dans le rapport de M. Cachin, p. 387, il est dit que le chiffre d'exportation de l'écaille en 1863 était à Vohémar de 100 à 150 kilogrammes, et à Diego-Suarez de 150 à 200 kilogrammes, le kilogramme valant 25 francs.

[5] GUILLAIN, *Documents sur la partie occidentale de Madagascar.* 1845. p. 350.

[6] Et par le fait à un prix très inférieur, si l'on prend le prix réel de revient de cette poudre, qui varie, suivant la qualité, de o fr. 68 à 1 fr. 12 le kilogramme, et non la valeur de convention qu'on lui attribuait sur la côte Ouest de Madagascar, soit 1o piastres ou 5o francs le baril de 1o kilogrammes : le prix du kilogramme d'écaille revenait alors en réalité à environ 2 francs.

qu'on ne payait plus en 1869 que de 25 à 30 francs le kilogramme, les
Vezŏ n'ont plus guère cherché à en faire le commerce, tout en continuant
à se livrer à leur passion de la pêche; c'est encore le prix que les Karanÿ
ou Indiens du Nord-Ouest la payent aujourd'hui [1], quoiqu'à Majunga la
très belle écaille blonde atteigne jusqu'à 60 francs et la très bonne écaille
brune jusqu'à 40 francs. C'est surtout dans le Nord-Ouest et dans le Sud-
Ouest qu'on pêchait des carets; avant la conquête française on vendait bien
de l'écaille dans tous les petits ports de la côte jusqu'à Androkă dans la
baie des Masikorŏ, mais le commerce en était peu actif, surtout au Ménabé.
Sur la côte orientale, c'était un objet d'échange presque inconnu.

Dans les dix dernières années, de 1898 à 1907, l'exportation de
l'écaille à Madagascar a varié de 55,597 francs au minimum (en 1901) [2]
à 155.470 francs au maximum (en 1907), donnant un total pour cette
période décennale de 929,703 francs. Les prix payés sont du reste très
variables, puisque, si les 3,335 kilogrammes exportés en 1907 ont été
estimés 155,470 francs, soit 46 fr. 50 environ le kilogramme, les
3,882 kilogrammes exportés en 1906 ne valaient que 139,679 francs,
soit seulement 36 francs le kilogramme [3]. Dans l'Est, où l'on ne tire pas
parti des Tortues à écailles, les quelques-unes qu'on y prend se vendent
comme les autres Tortues marines de 2 à 3 francs l'une, et, même dans
l'Ouest, aujourd'hui elles n'atteignent pas un haut prix, puisqu'on les paye
à Maintiranŏ de 10 à 15 francs et à Tuléar de 15 à 25 francs suivant
la taille [4].

[1] *Journal Officiel de Paris*, rapport com-
mercial sur Madagascar, 15 novembre 1897.

[2] L'exportation, qui est, comme l'on voit,
très variable, n'a même été, en 1897, que
de 35,201 francs.

[3] En 1908, on cotait à Londres les
belles et fortes feuilles d'écaille de 61 francs
à 77 fr. 50 le kilogramme, les moyennes de
41 à 58 francs, et les minces et défectueuses
de 16 fr. 50 à 30 francs. Au Havre, les
prix variaient, ces années dernières, de 36 à
50 francs suivant la qualité et, pour l'écaille
inférieure, de 26 à 34 francs. — En 1863,
lors du voyage d'Alfred Grandidier à Zanzibar, d'où l'on a exporté pour 35,185 francs
d'écaille en 1862, et pour 12,275 francs
en cette année de 1863, dont une partie
venait de Madagascar, le frasilah (soit 15 kilogrammes 625) valait 594 francs, c'est-
à-dire 38 francs le kilogramme.

[4] En 1899, on n'a exporté de Tuléar
que 121 kilogrammes d'écaille.

1. *Crocodilus madagascariensis*. Grand. — 2. *Cr. robustus*, Grand. et Vaill.

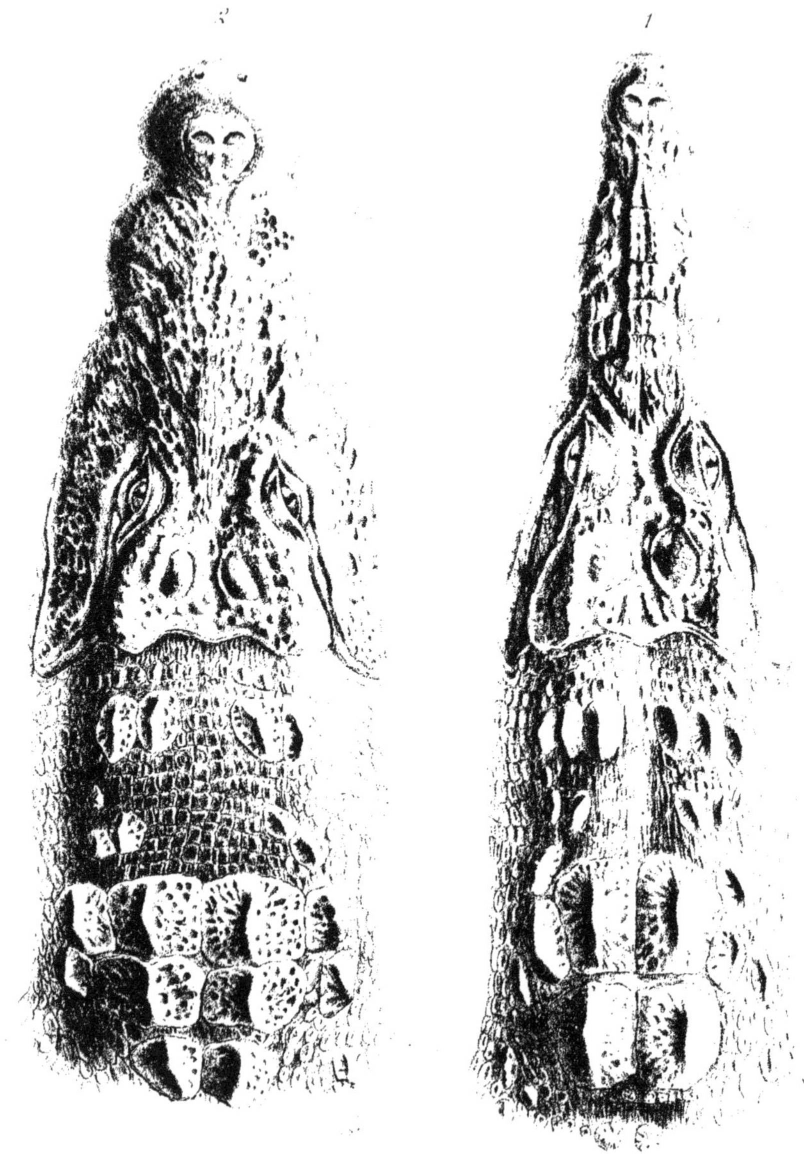

d'Apreval lith.

1. Crocodilus madagascariensis Grand.   2. Crocodilus robustus Grand. et Vaill.

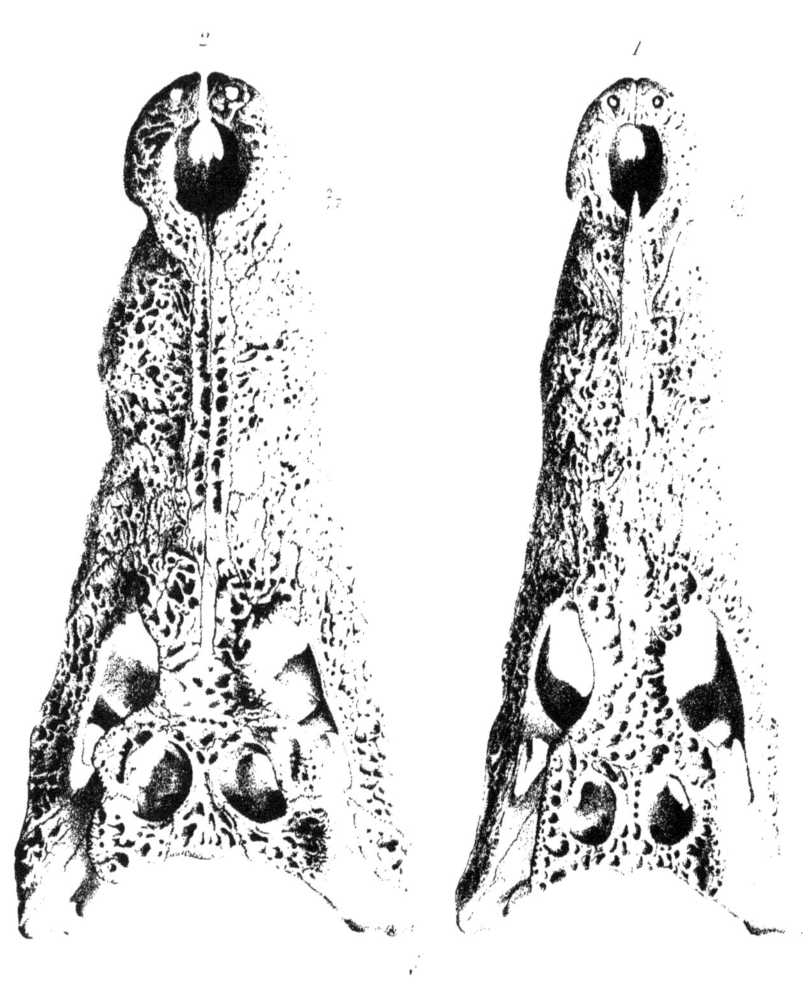

Nicolet del. et lith.

1. Crocodilus madagascariensis, Grand. — 2. Crocodilus robustus, Grand. et Vaill.

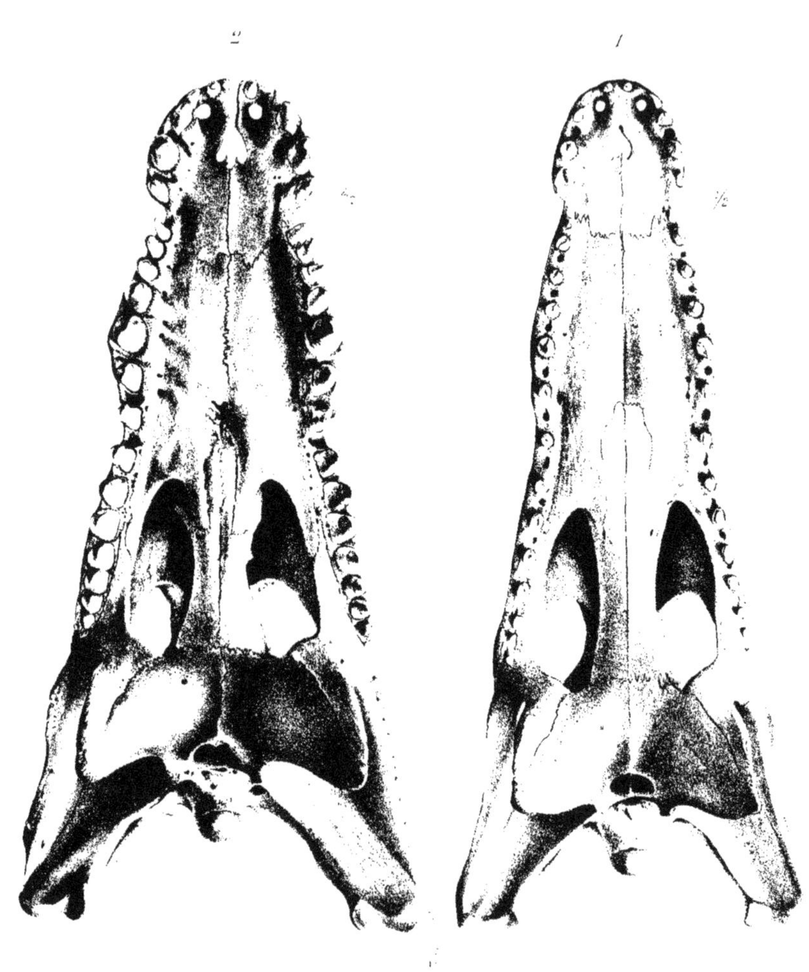

Nicolet del. et lith.

1. Crocodilus madagascariensis. Grand. — 2. Crocodilus robustus. Grand. et Vaill.

Testudo radiata, Shaw. ♂ (var: desertorum, Grand.)

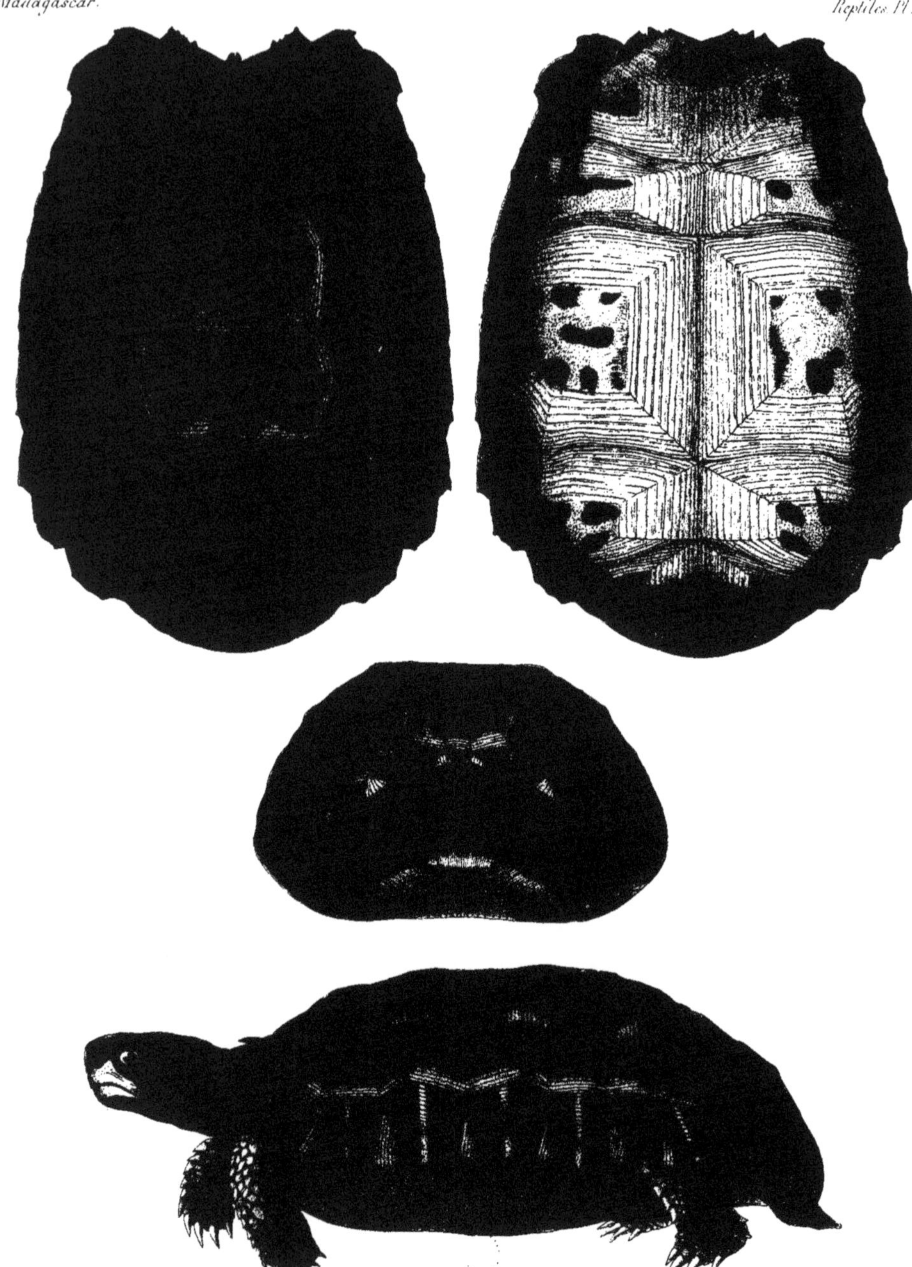

Madagascar.
Reptiles Pl. 10.
Arnoul pinx.
Imp. Becquet à Paris.

Vaillant del. et pinx.   L. Lebreton lith.

Testudo Yniphora L. Vaillant.

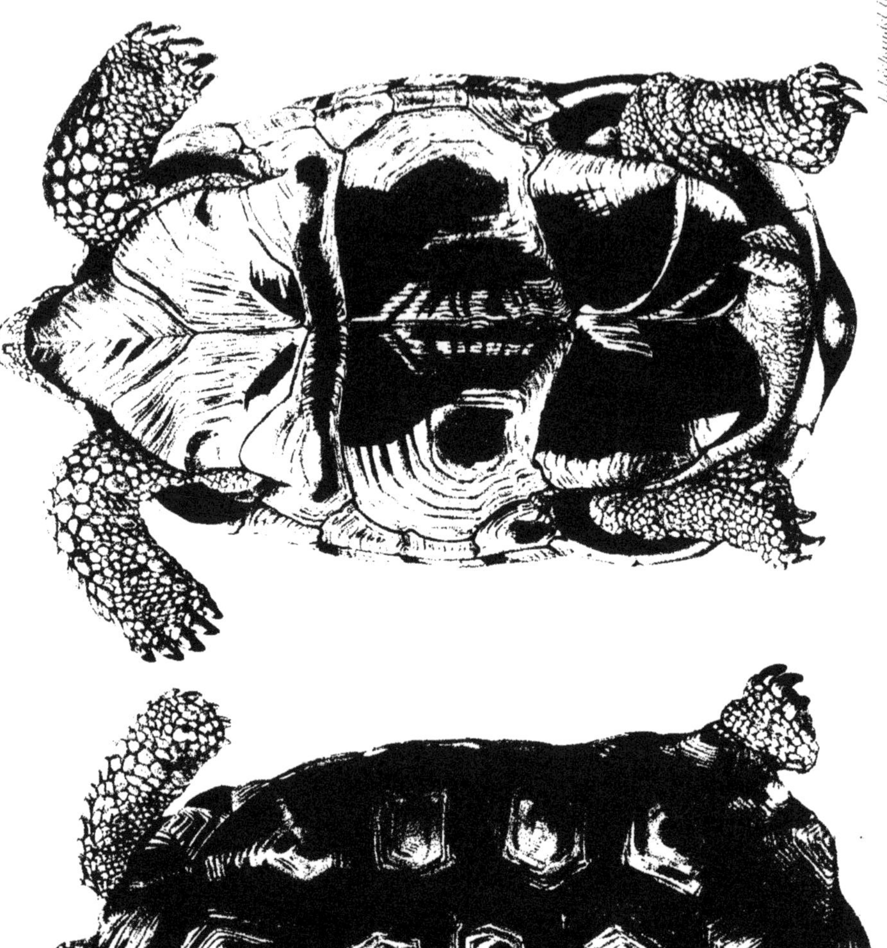

Madagascar.
L. Lackhardt lith.

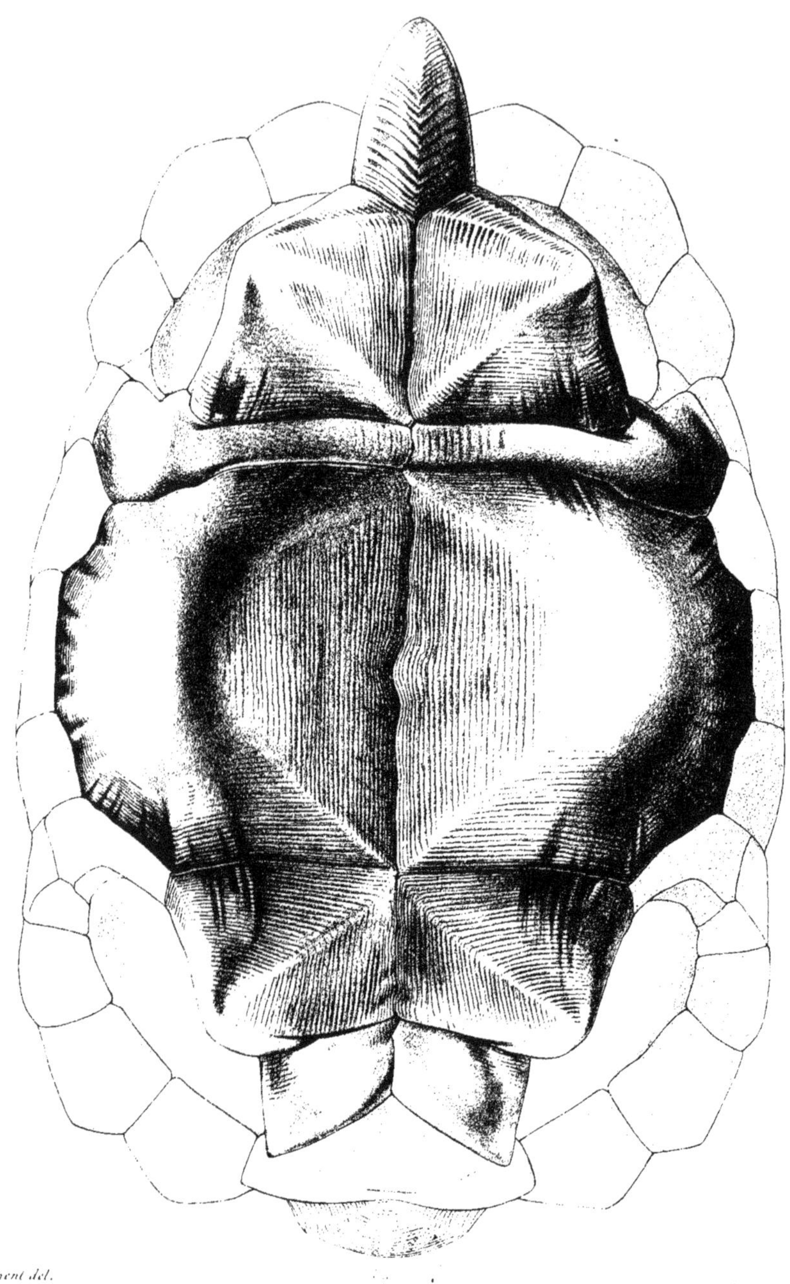

A.A. Clément del.

L. Lecarel del. lith.

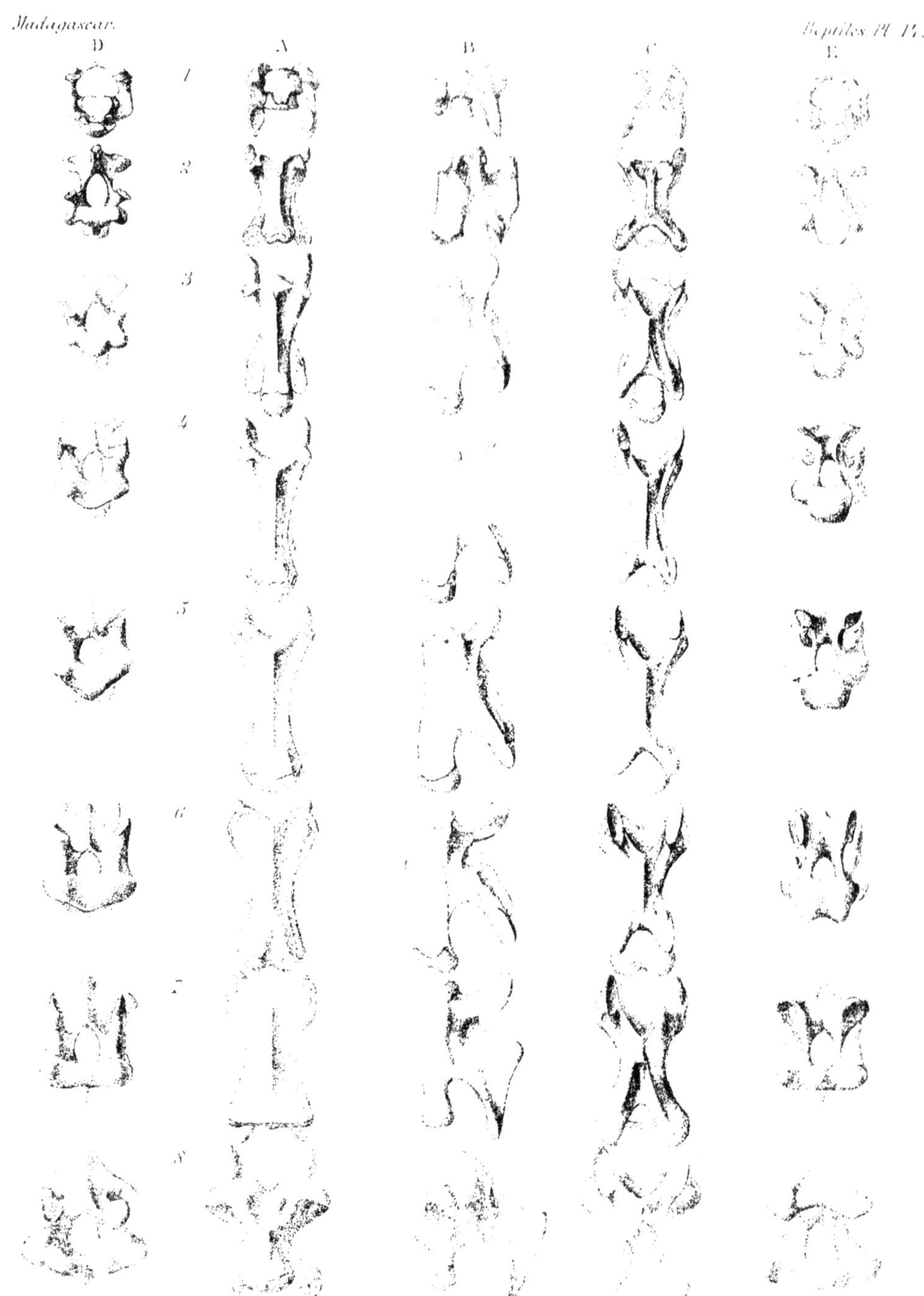

Madagascar.
Reptiles Pl. 14.
D
A
B
C
E
1
2
3
4
5
6
7
8
d'Madagascar. lith.

C
D
A
B
C
D'
D

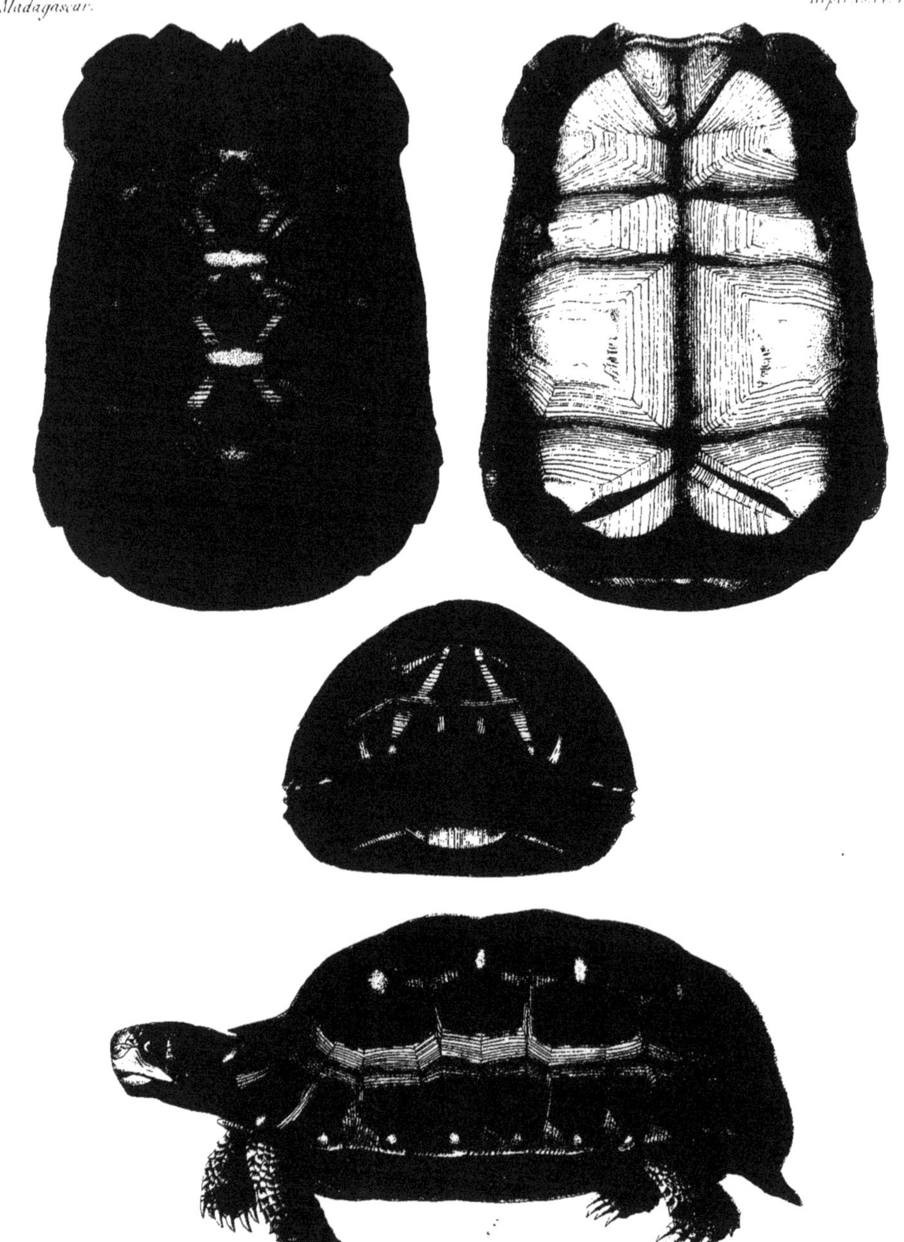

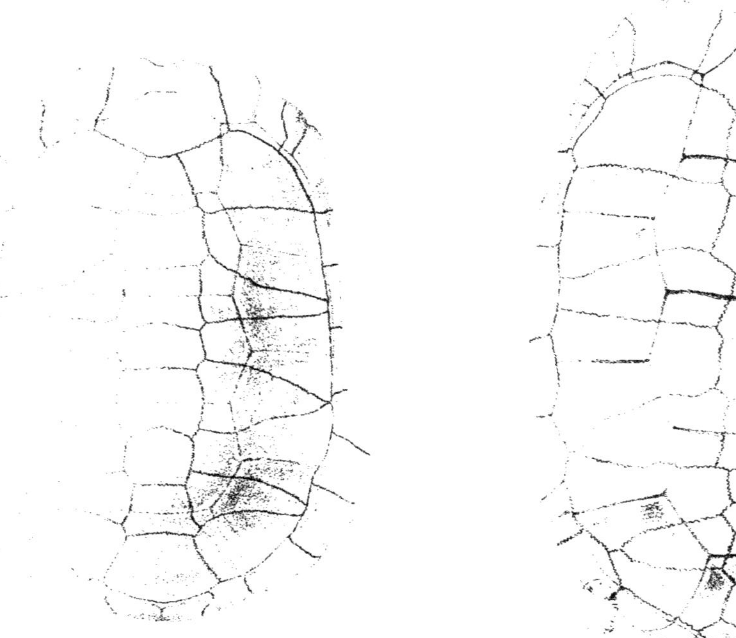

1. Pyxis arachnoides, Bell. — 2. Testudo planicauda, Grandidier.

Sternothaerus castaneus, Schweigger.

Sternothaerus subniger, Lacépède.

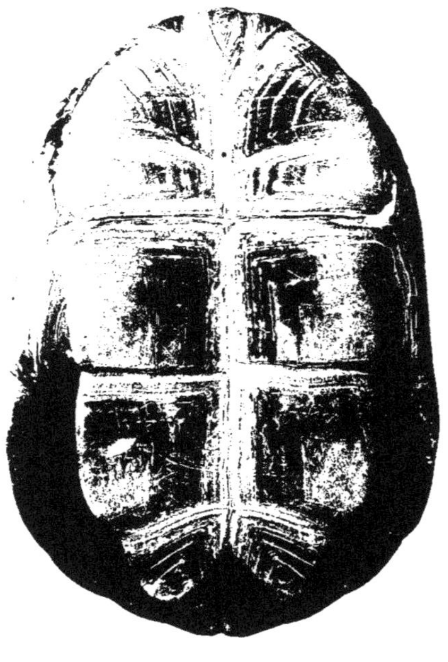

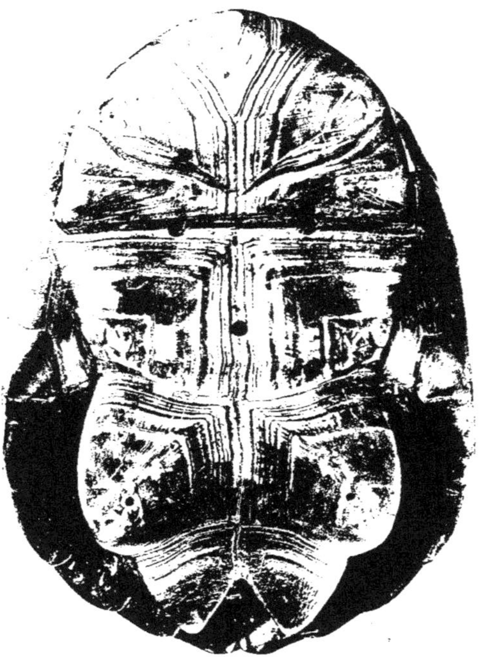

1. *Sternothaerus subniger*, Lacepède _ 2. *St. castaneus*, Schweigger

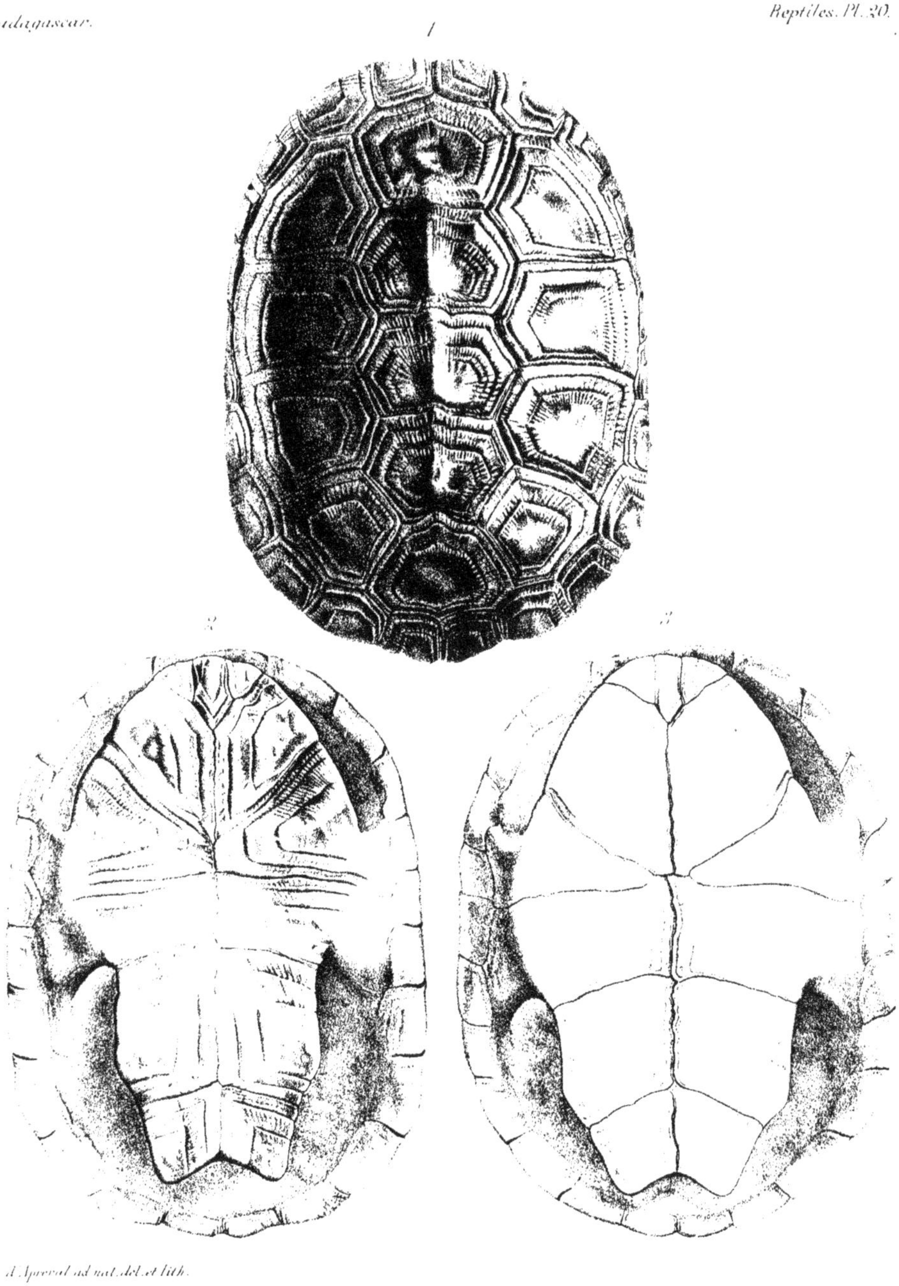

A. Apirral ad nat. del. et lith.

Pelomedusa galeata, Schœpff.

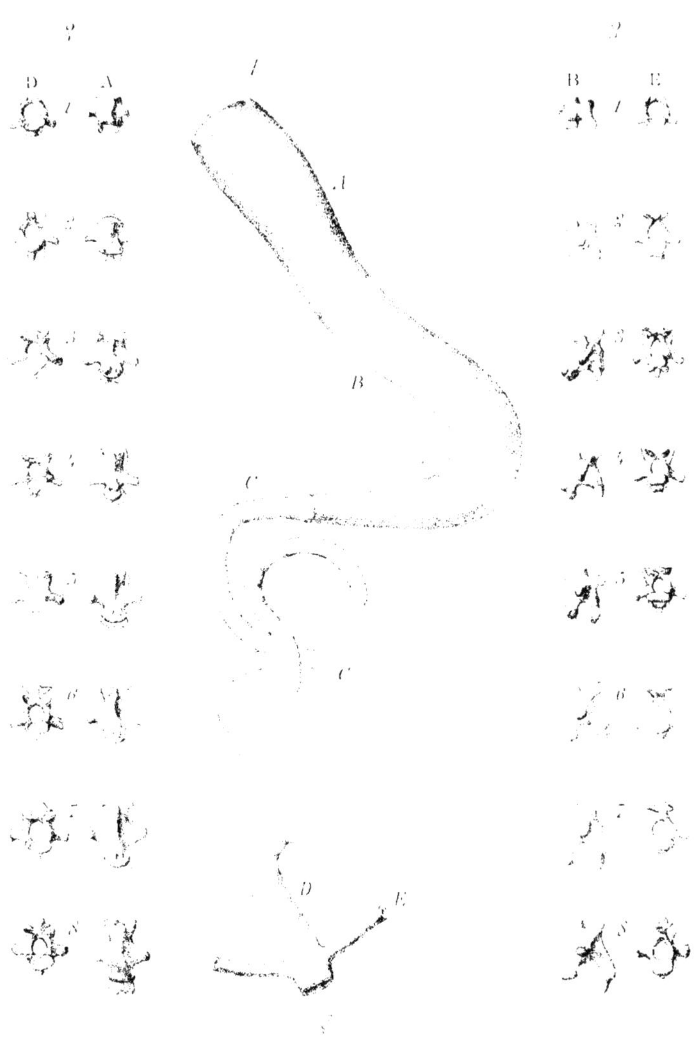

1. *Pelomedusa galeata. Schœpff.* — 2. *Sternotherus castaneus. Schweigger.*

Juillerat del. et pinx.

L. Lebrasseur lith.

Erymnochelys madagascariensis. Grandidier.

Erymnochelus madagascariensis Grandidier.

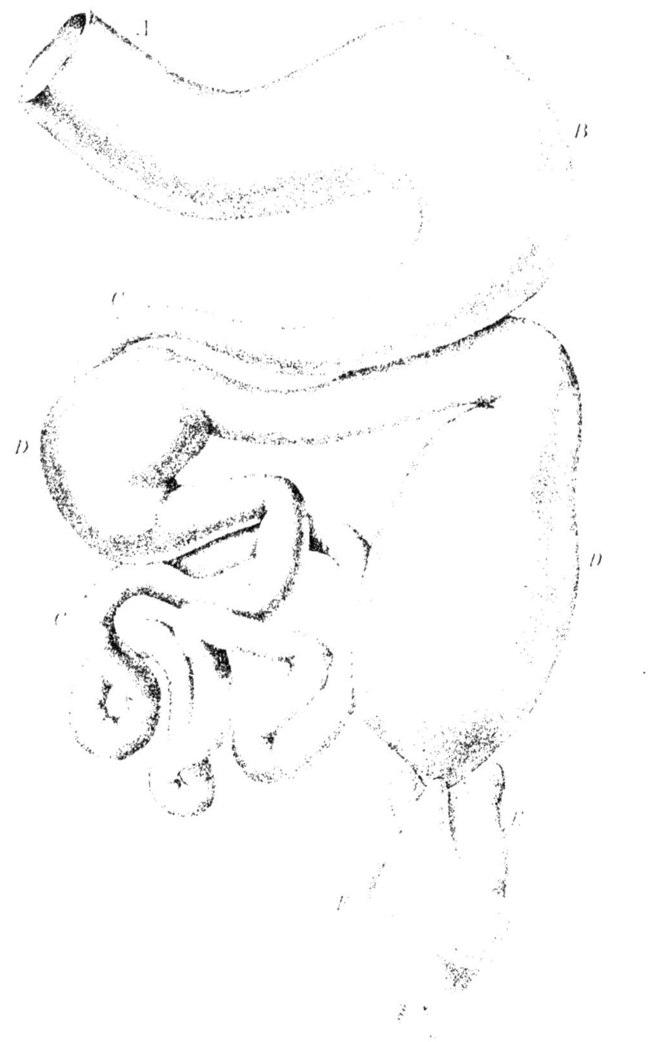

Erymnochelys madagascariensis, Grandidier.

MADAGASCAR.

L'*Histoire physique, naturelle et politique de Madagascar*, que publie M. Alfred Grandidier, comprendra environ 52 volumes grand in-4° raisin :

1° *Histoire de la Géographie et Géographie mathématique*, 1 vol. avec fac-similés de cartes
anciennes, par M. A. Grandidier.

2° *Géographie physique*, 1 vol. avec cartes et dessins, par MM. A. et G. Grandidier.

3° *Météorologie et Magnétisme*, 1 vol. par MM. A. et G. Grandidier.

4° *Ethnographie*, 3 vol. avec cartes et planches, par MM. A. et G. Grandidier; *Anthropologie*,
par les Drs Verneau et Rivet, et *Linguistique*, par MM. A. et G. Grandidier, 1 vol. avec
planches.

5° *Histoire politique, coloniale et commerciale*, 2 vol., par MM. A. et G. Grandidier.

6° *Histoire naturelle des Mammifères*, 7 vol. (3 de texte et 4 de planches), par MM. Alph.
Milne Edwards, A. Grandidier, H. Filhol et Guillaume Grandidier.

7° *Histoire naturelle des Oiseaux*, 4 vol. (1 de texte et 3 de planches), par MM. Alph. Milne
Edwards et A. Grandidier.

8° *Histoire naturelle des Poissons*, 1 vol. avec planches, par M. le Dr Sauvage.

9° *Histoire naturelle des Reptiles et Batraciens*, 2 vol. (1 de texte et 1 de planches):
Crocodiles et Tortues, par MM. Vaillant et G. Grandidier; *Lézards, Serpents et
Batraciens*, par M. G. Grandidier.

10° *Histoire naturelle des Crustacés*, par M. Coutière; *Histoire naturelle des Insectes*, par
MM. Alluaud, Forel, Kunckel d'Herculais, Mabille, de Saussure, Simon, etc.,
13 vol. avec planches.

11° *Histoire naturelle des Mollusques terrestres et fluviatiles*, 1 vol. avec planches, par MM. Fischer
et Crosse.

12° *Histoire naturelle des Vers*, par MM. Vaillant et R. Blanchard, 1 vol. avec planches.

13° *Histoire naturelle des Plantes*, 11 vol. avec planches, par MM. H. Baillon et E. Drake del
Castillo, et *Histoire des Mousses*, par MM. F. Renauld et J. Cardot, 2 vol. avec pl.

14° *Géologie et Paléontologie*, 3 vol. avec planches, par M. Guillaume Grandidier.

Cet ouvrage est publié par livraison de 5 planches, avec le texte correspondant,
pour l'Histoire de la Géographie et pour les volumes d'histoire naturelle, et par livraison de 7 feuilles de texte avec tableaux, cartes et dessins, suivant les besoins, pour
les 2°, 3°, 4° et 5° parties et pour le Catalogue des Coléoptères. Il paraît toujours plusieurs livraisons à la fois, de manière à former un ensemble. Il n'est mis en vente que
150 exemplaires, au prix de 10 francs par livraison pour les souscripteurs à l'*ouvrage
complet*, auxquels 100 exemplaires sont exclusivement réservés; pour ceux qui sous-
crivent à une ou plusieurs parties séparées, le prix est de 15 francs pour la 7° partie,
de 20 francs pour la 9°, la 10° et la 12°, et de 12 fr. 50 pour les autres.

Ont paru et sont en vente les parties suivantes comprenant 1,815 planches ou cartes :

1re *Histoire de la Géographie et Géographie mathématique* : 1 vol. avec 67 pl. Complet.

4° *Ethnographie* : 1 vol. avec 6 planches et 4 cartes.

6° *Histoire des Mammifères* : Texte, t. Ier, et Atlas, t. Ier (123 pl.); t. II (161 pl.); t. III, 1er fasc. (20 pl.).

7° *Histoire des Oiseaux* : Texte, 1 vol., et Atlas, 3 vol. (400 pl.). Complet.

8° *Histoire des Poissons* : 1 vol. avec 63 pl. Complet.

9° *Histoire des Reptiles* : Crocodiles et Tortues, 1 fasc. texte avec 28 planches.

10° *Histoire des Lépidoptères diurnes* : 1 vol. avec 63 planches. Complet.

10° *Histoire des Coléoptères* : Catalogue, 1 vol., et Atlas, 2 fasc. (54 pl.).

10° *Histoire des Formicides* : 1 vol. avec 7 pl. Complet.

10° *Histoire des Hyménoptères* : 1 vol. texte, avec 1 fascicule de 27 planches.

10° *Histoire des Orthoptères* : 1re partie, texte et 10 planches.

10° *Histoire des Myriapodes* : Texte et Atlas (15 pl.).

11° *Histoire des Mollusques* : Atlas, 1er fasc. (27 pl.).

13° *Histoire des Plantes* : Atlas, t. Ier (152 pl.); t. II (148 pl.); t. III (169 pl.); t. IV, 1re, 2° et 3° parties (108 pl.).

13° *Histoire des Mousses* : Atlas, 1re, 2°, 3°, 4° et 5° parties (163 pl.).

LIBRAIRIE HACHETTE ET Cie.

BOULEVARD SAINT-GERMAIN, 79.